Ivan Koesjnir

Economie van Tsjecho-Slowakije

Serie "Economie in landen"

eerst gepubliceerd: 2021
laatst bijgewerkt: 2021-02-02

Ivan Koesjnir. Economie van Tsjecho-Slowakije. Serie "Economie in landen". - 2021. - 46 pages.

Dit boek over de economie van Tsjecho-Slowakije van de jaren 1970 tot de jaren 1980. Brongegevens uit UN Data.

Grootte. In de jaren 1980 was het bruto binnenlands product van Tsjecho-Slowakije gelijk aan US$52,5 miljard per jaar; de waarde van de landbouw was US$3,4 miljard; de waarde van de industrie was US$17,0 miljard. Aangezien het aandeel in de wereld tussen 0,1% en 1% ligt, wordt het land geclassificeerd als een gemiddelde economie.

Productiviteit. In de jaren 1980 bedroeg het bruto binnenlands product per hoofd van de bevolking $3.391,8, de waarde van de landbouw per hoofd $217,5, de waarde van de industrie per hoofd $1.098,9. Omdat de productiviteit tussen het gemiddelde en het gemiddelde boven het gemiddelde ligt, wordt de economie geclassificeerd als ontwikkeld.

Groei. In de jaren 1980 bedroeg de groei van het bruto binnenlands product 1,9%; de groei van de landbouw was 4,9%; de groei van de industrie was 0,83%.

Structuur. In de jaren 1980 omvatte de economie van Tsjecho-Slowakije: diensten (35,1%), industrie (32,4%), handel (11,1%), constructie (8,1%), vervoer (7,0%) en landbouw (6,4%).

Serie "Economie in landen": parallel.page.link/nl

ISBN: 9798701867954

Inhoud

Part I. Grootte

	de jaren 1980
BBP	US$52,5 miljard
Het aandeel in de wereld	0,35%
Het aandeel in Europa	0,97%
Het aandeel in Oost-Europa	4,8%

Hoofdstuk I. Bruto binnenlands product

Het BBP van Tsjecho-Slowakije steeg van US$28,2 miljard per jaar in de jaren 1970 tot US$52,5 miljard per jaar in de jaren 1980, dat wil zeggen met US$24,4 miljard of 86,5%. De verandering vond plaats op US$15,0 miljard als gevolg van een 1,4-voudige stijging van de prijzen, en ook op US$8,0 miljard als gevolg van een 1,3-voudige toename van de productiviteit , evenals op US$1,3 miljard als gevolg van de toename van de bevolking. De gemiddelde jaarlijkse groei van het BBP is 3,0%. De minimumwaarde van het BBP bedroeg US$16,3 miljard in 1970. De maximumwaarde van het bruto binnenlands product bedroeg US$60,5 miljard in 1987.

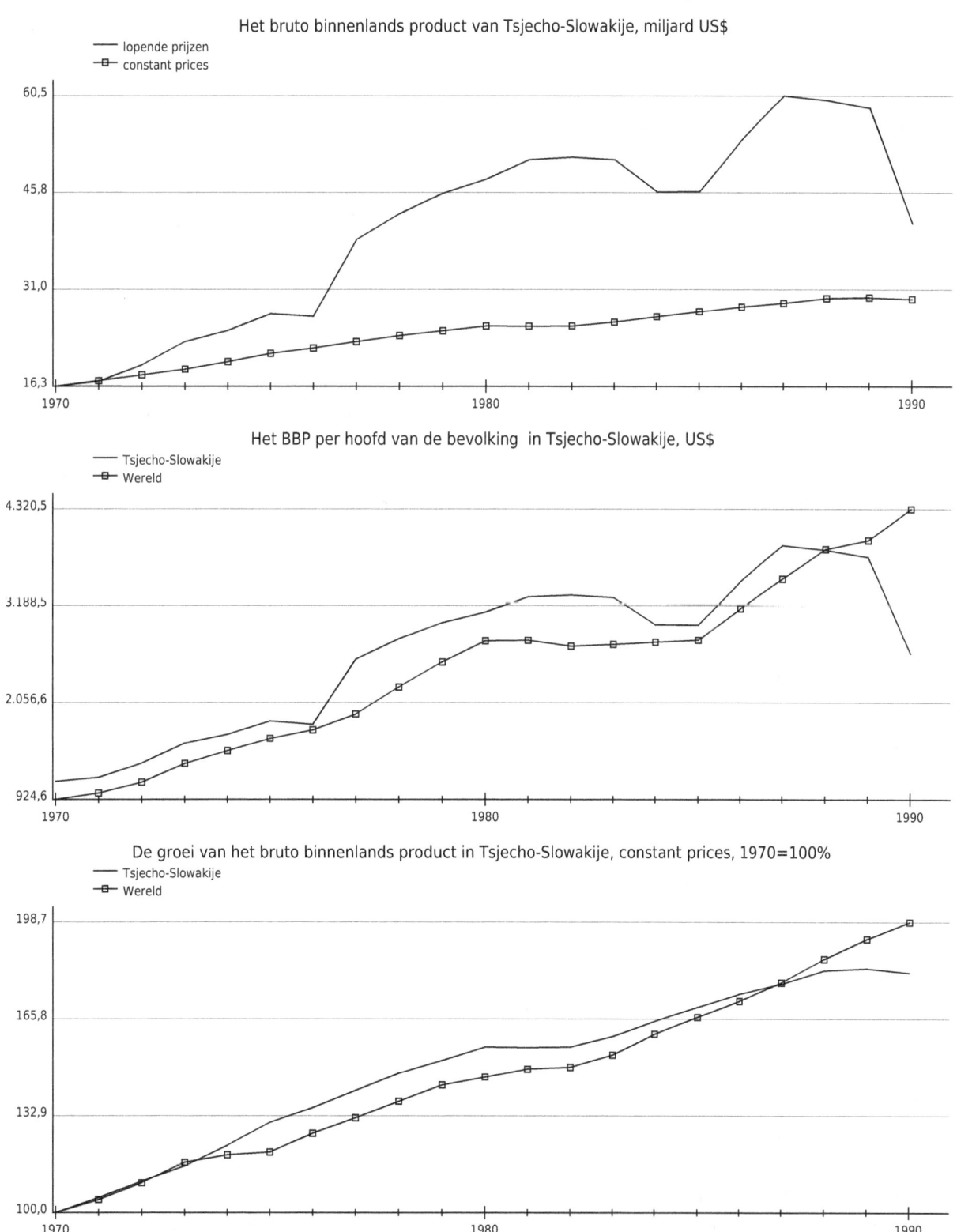

Het bruto binnenlands product van Tsjecho-Slowakije, miljard US$

Het BBP per hoofd van de bevolking in Tsjecho-Slowakije, US$

De groei van het bruto binnenlands product in Tsjecho-Slowakije, constant prices, 1970=100%

de jaren 1970

Het bruto binnenlands product van Tsjecho-Slowakije bedroeg in de jaren 1970 US$28,2 miljard per jaar, stond op de 33e plaats in de wereld, en was vergelijkbaar met Griekenland (US$28,7 miljard). Het aandeel in de wereld was 0,43%, en 1,1% in Europa.

Het BBP van Tsjecho-Slowakije bestond uit: huishoudelijke uitgaven (47,7%), kapitaalvorming (27,3%) en overheidsuitgaven (19,1%).

Het BBP per hoofd in Tsjecho-Slowakije was $1.905,1 in de jaren 1970s, stond op de 54e plaats in de wereld, en was vergelijkbaar met Portugal (US$1.890,3), Cyprus (US$1.922,1), Barbados (US$1.859,5). Het BBP per hoofd in Tsjecho-Slowakije was 17,5% hoger dan het bruto binnenlands product per hoofd van de bevolking in de wereld ($1.620,8), en was 48,4% lager dan het bruto binnenlands product per hoofd van de bevolking in Europa ($1.620,8).

De groei van het BBP in Tsjecho-Slowakije bedroeg 4.7% in de jaren 1970, stond op de 79e plaats in de wereld, en was vergelijkbaar met de Maldiven (4,7%), Trinidad en Tobago (4,7%), Noorwegen (4,7%). De groei van het BBP in Tsjecho-Slowakije (4,7%) was groter dan de groei van het bruto binnenlands product in de wereld (4,1%), was groter dan de groei van het bruto binnenlands product in Europa (3,6%).

Vergelijking met buren. Het bruto binnenlands product van Tsjecho-Slowakije was groter dan in Hongarije (US$12,7 miljard); maar minder dan in Duitsland (US$484,2 miljard), in Polen (US$49,0 miljard) en in Oostenrijk (US$39,1 miljard). Het bruto binnenlands product per hoofd in Tsjecho-Slowakije was groter dan in Polen (US$1.448,3) en in Hongarije (US$1.209,9); maar minder dan in Duitsland (US$6,1 duizend) en in Oostenrijk (US$5,1 duizend). De groei van het BBP in Tsjecho-Slowakije was groter dan in Oostenrijk (3,8%) en in Duitsland (3,1%); maar minder dan in Polen (5,9%) en in Hongarije (5,3%).

Vergelijking met leiders. Het bruto binnenlands product van Tsjecho-Slowakije was minder dan in de Verenigde Staten (US$1,7 biljoen), in de Sovjet-Unie (US$649,4 miljard), in Japan (US$558,0 miljard), in Duitsland (US$484,2 miljard) en in Frankrijk (US$333,2 miljard). Het BBP per hoofd in Tsjecho-Slowakije was minder dan in de Verenigde Staten (US$7,8 duizend), in Frankrijk (US$6,2 duizend), in Duitsland (US$6,1 duizend), in Japan (US$5,0 duizend) en in de Sovjet-Unie (US$2,6 duizend). De groei van het bruto binnenlands product in Tsjecho-Slowakije was groter dan in Japan (4,6%), in Frankrijk (3,9%), in de Verenigde Staten (3,5%) en in Duitsland (3,1%); maar minder dan in de Sovjet-Unie (4,8%).

de jaren 1980

Het BBP van Tsjecho-Slowakije bedroeg in de jaren 1980 US$52,5 miljard per jaar, stond op de 36e plaats in de wereld, en was vergelijkbaar met Colombia (US$52,1 miljard), Algerije (US$53,2 miljard). Het aandeel in de wereld was 0,35%, en 0,97% in Europa.

Het BBP van Tsjecho-Slowakije bestond uit: huishoudelijke uitgaven (47,3%), kapitaalvorming (24,5%) en overheidsuitgaven (23,3%).

Het BBP per hoofd in Tsjecho-Slowakije was $3.391,8 in de jaren 1980s, stond op de 61e plaats in de wereld, en was vergelijkbaar met de Seychellen (US$3,4 duizend), Zuidwest-Azië (US$3,4 duizend), Argentinië (US$3,3 duizend). Het BBP per hoofd in Tsjecho-Slowakije was 8,6% hoger dan het bruto binnenlands product per hoofd van de bevolking in de wereld ($3.123,4), en was in 2,1 keer lager dan het bruto binnenlands product per hoofd van de bevolking in Europa ($3.123,4).

De groei van het BBP in Tsjecho-Slowakije bedroeg 1.9% in de jaren 1980, stond op de 126e plaats in de wereld, en was vergelijkbaar met Denemarken (1,9%), de Filipijnen (1,9%). De groei van het bruto binnenlands product in Tsjecho-Slowakije (1,9%) was minder dan de groei van het bruto binnenlands product in de wereld (3,0%), was minder dan de groei van het bruto binnenlands product in Europa (2,5%).

Vergelijking met buren. Het BBP van Tsjecho-Slowakije was 93,4% groter dan in Hongarije (US$27,2 miljard); maar 18,8 keer minder dan in Duitsland (US$990,0 miljard), 43,1% minder dan in Oostenrijk (US$92,3 miljard) en 26,3% minder dan in Polen (US$71,2 miljard). Het BBP per hoofd in Tsjecho-Slowakije was 32,3% groter dan in Hongarije (US$2,6 duizend) en 75,5% groter dan in Polen (US$1.932,9); maar 3,7 keer minder dan in Duitsland (US$12,7 duizend) en 3,6 keer minder dan in Oostenrijk (US$12,1 duizend). De groei van het BBP in Tsjecho-Slowakije was groter dan in Hongarije (1,5%) en in Polen (0,32%); maar minder dan in Oostenrijk (2,0%) en in Duitsland (1,9%).

Vergelijking met leiders. Het bruto binnenlands product van Tsjecho-Slowakije was 79,4 keer minder dan tsj de Verenigde Staten (US$4,2 biljoen), 34,6 keer minder dan in Japan (US$1,8 biljoen), 18,8 keer minder dan in Duitsland (US$990,0 miljard), 16,9 keer minder dan in de Sovjet-Unie (US$887,0 miljard) en 13,9 keer minder dan in Frankrijk (US$729,5 miljard). Het BBP per hoofd in Tsjecho-Slowakije was 5,2% groter dan in de Sovjet-Unie (US$3,2 duizend); maar 5,1 keer minder dan in de Verenigde Staten (US$17,4 duizend), 4,4 keer minder dan in Japan (US$15,0 duizend), 3,8 keer minder dan in Frankrijk (US$12,9 duizend) en 3,7 keer minder dan in Duitsland (US$12,7 duizend). De groei van het BBP in Tsjecho-Slowakije was minder dan in de Sovjet-Unie (4,3%), in Japan (4,3%), in de Verenigde Staten (3,1%), in Frankrijk (2,3%) en in Duitsland (1,9%).

Hoofdstuk II. Toegevoegde waarde

De toegevoegde waarde van Tsjecho-Slowakije steeg van US$28,2 miljard per jaar in de jaren 1970 tot US$52,5 miljard per jaar in de jaren 1980, dat wil zeggen met US$24,4 miljard of 86,5%. De verandering vond plaats op US$15,0 miljard als gevolg van een 1,4-voudige stijging van de prijzen, en ook op US$8,0 miljard als gevolg van een 1,3-voudige toename van de productiviteit , evenals op US$1,3 miljard als gevolg van de toename van de bevolking. De gemiddelde jaarlijkse groei van de toegevoegde waarde is 2,5%. De minimumwaarde van de toegevoegde waarde bedroeg US$16,3 miljard in 1970. De maximumwaarde van de toegevoegde waarde bedroeg US$60,5 miljard in 1987.

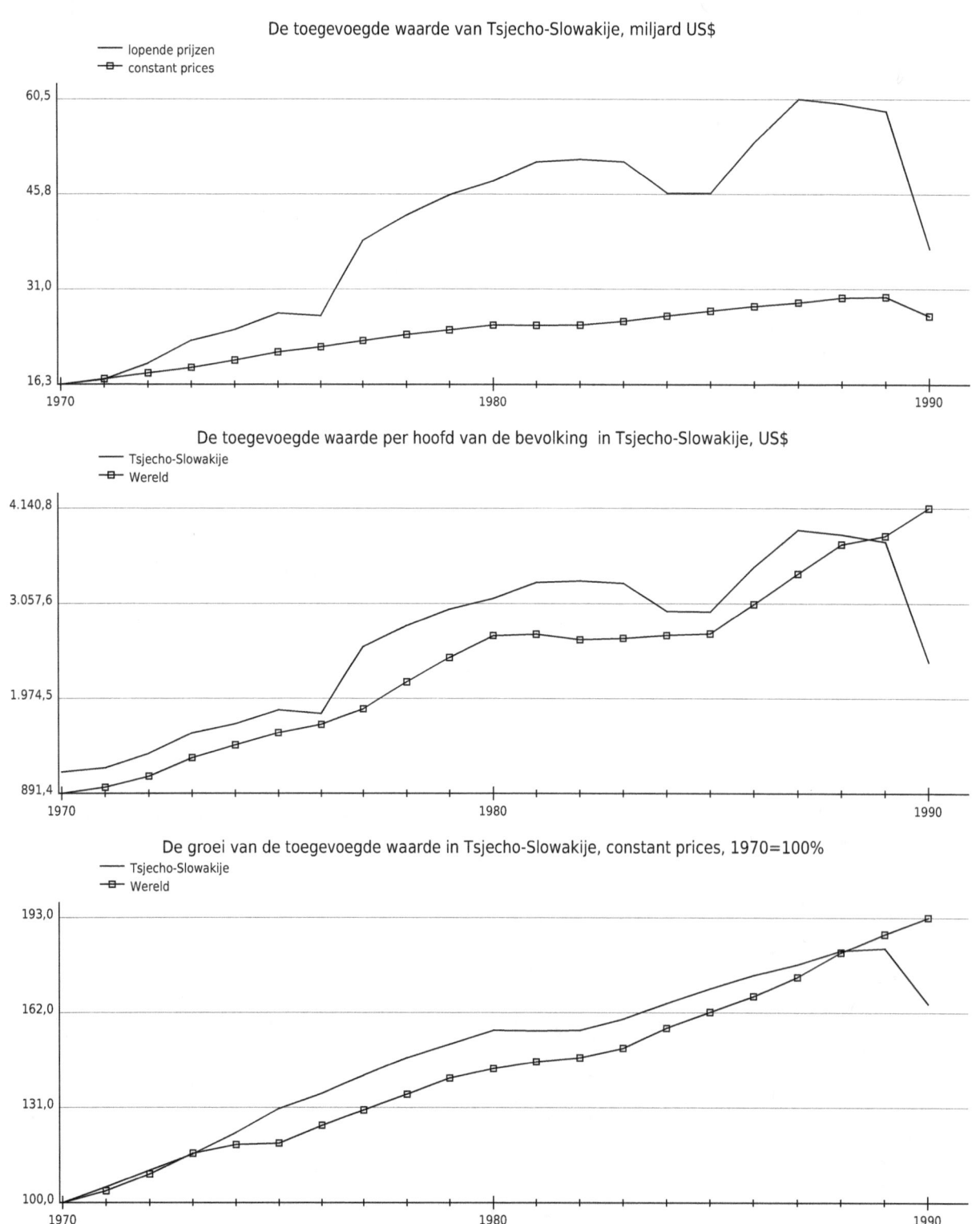

de jaren 1970

De toegevoegde waarde van Tsjecho-Slowakije bedroeg in de jaren 1970 US$28,2 miljard per jaar, stond op de 32e plaats in de wereld. Het aandeel in de wereld was 0,45%, en 1,1% in Europa.

De totale toegevoegde waarde van Tsjecho-Slowakije bestond uit: diensten (35,1%), industrie (33,8%), bouw (9,1%), handel (8,4%), landbouw (7,7%) en transport (6,0%).

De toegevoegde waarde per hoofd in Tsjecho-Slowakije was $1.905,1 in de jaren 1970s, stond op de 52e plaats in de wereld, en was vergelijkbaar met Polynesië (US$1.902,9), Zuidwest-Azië (US$1.908,3). De toegevoegde waarde per hoofd in Tsjecho-Slowakije was 21,8% hoger dan de toegevoegde waarde per hoofd van de bevolking in de wereld ($1.564,4), en was 45,7% lager dan de toegevoegde waarde per hoofd van de bevolking in Europa ($1.564,4).

De groei van de toegevoegde waarde in Tsjecho-Slowakije bedroeg 4.7% in de jaren 1970, stond op de 80e plaats in de wereld, en was vergelijkbaar met Turkije (4,7%), China (4,7%), Haïti (4,7%). De groei van de toegevoegde waarde in Tsjecho-Slowakije (4,7%) was groter dan de groei van de toegevoegde waarde in de wereld (3,9%), was groter dan de groei van de toegevoegde waarde in Europa (3,4%).

Vergelijking met buren. De toegevoegde waarde van Tsjecho-Slowakije was groter dan in Hongarije (US$12,2 miljard); maar minder dan in Duitsland (US$444,9 miljard), in Polen (US$48,7 miljard) en in Oostenrijk (US$34,9 miljard). De toegevoegde waarde per hoofd in Tsjecho-Slowakije was groter dan in Polen (US$1.436,5) en in Hongarije (US$1.158,2); maar minder dan in Duitsland (US$5,7 duizend) en in Oostenrijk (US$4,6 duizend). De groei van de toegevoegde waarde in Tsjecho-Slowakije was groter dan in Oostenrijk (4,0%) en in Duitsland (3,1%); maar minder dan in Polen (6,0%) en in Hongarije (5,6%).

Vergelijking met leiders. De toegevoegde waarde van Tsjecho-Slowakije was minder dan in de Verenigde Staten (US$1,7 biljoen), in de Sovjet-Unie (US$649,4 miljard), in Japan (US$545,3 miljard), in Duitsland (US$444,9 miljard) en in Frankrijk (US$297,3 miljard). De toegevoegde waarde per hoofd in Tsjecho-Slowakije was minder dan in de Verenigde Staten (US$7,8 duizend), in Duitsland (US$5,7 duizend), in Frankrijk (US$5,5 duizend), in Japan (US$4,9 duizend) en in de Sovjet-Unie (US$2,6 duizend). De groei van de toegevoegde waarde in Tsjecho-Slowakije was groter dan in Frankrijk (3,7%), in Duitsland (3,1%) en in de Verenigde Staten (2,9%); maar minder dan in Japan (4,9%) en in de Sovjet-Unie (4,8%).

de jaren 1980

De toegevoegde waarde van Tsjecho-Slowakije bedroeg in de jaren 1980 US$52,5 miljard per jaar, stond op de 35e plaats in de wereld, en was vergelijkbaar met Algerije (US$51,3 miljard). Het aandeel in de wereld was 0,36%, en 1,0% in Europa.

De totale toegevoegde waarde van Tsjecho-Slowakije bestond uit: diensten (35,1%), industrie (32,4%), handel (11,1%), constructie (8,1%), vervoer (7,0%) en landbouw (6,4%).

De toegevoegde waarde per hoofd in Tsjecho-Slowakije was $3.391,8 in de jaren 1980s, stond op de 61e plaats in de wereld, en was vergelijkbaar met Zuidwest-Azië (US$3,3 duizend). De toegevoegde waarde per hoofd in Tsjecho-Slowakije was 11,9% hoger dan de toegevoegde waarde per hoofd van de bevolking in de wereld ($3.029,9), en was 49,0% lager dan de toegevoegde waarde per hoofd van de bevolking in Europa ($3.029,9).

De groei van de toegevoegde waarde in Tsjecho-Slowakije bedroeg 1.9% in de jaren 1980, stond op de 131e plaats in de wereld, en was vergelijkbaar met Melanesië (1,9%), de Salomonseilanden (1,9%), Nieuw-Zeeland (1,9%). De groei van de toegevoegde waarde in Tsjecho-Slowakije (1,9%) was minder dan de groei van de toegevoegde waarde in de wereld (2,9%), was minder dan de groei van de toegevoegde waarde in Europa (2,6%).

Vergelijking met buren. De toegevoegde waarde van Tsjecho-Slowakije was 2,2 keer groter dan in Hongarije (US$23,9 miljard); maar 17,3 keer minder dan in Duitsland (US$907,0 miljard), 35,8% minder dan in Oostenrijk (US$81,8 miljard) en 25,6% minder dan in Polen (US$70,6 miljard). De toegevoegde waarde per hoofd in Tsjecho-Slowakije was 50,5% groter dan in Hongarije (US$2,3 duizend) en 77,0% groter dan in Polen (US$1.916,2); maar 3,4 keer minder dan in Duitsland (US$11,6 duizend) en 3,2 keer minder dan in Oostenrijk (US$10,7 duizend). De groei van de toegevoegde waarde in Tsjecho-Slowakije was groter dan in Polen (0,55%); maar minder dan in Hongarije (2,6%), in Oostenrijk (2,0%) en in Duitsland (2,0%).

Vergelijking met leiders. De toegevoegde waarde van Tsjecho-Slowakije was 79,5 keer minder dan in de Verenigde Staten (US$4,2 biljoen), 34,3 keer minder dan in Japan (US$1,8 biljoen), 17,3 keer minder dan in Duitsland (US$907,0 miljard), 16,9 keer minder dan in de Sovjet-Unie (US$887,0 miljard) en 12,4 keer minder dan in Frankrijk (US$650,9 miljard). De toegevoegde waarde per hoofd in Tsjecho-Slowakije was 5,2% groter dan in de Sovjet-Unie (US$3,2 duizend); maar 5,1 keer minder dan in de Verenigde Staten (US$17,4 duizend), 4,4 keer minder dan in Japan (US$14,8 duizend), 3,4 keer minder dan in Duitsland (US$11,6 duizend) en 3,4 keer minder dan in Frankrijk (US$11,5 duizend). De groei van de toegevoegde waarde in Tsjecho-Slowakije was minder dan in de Sovjet-Unie (4,3%), in Japan (4,2%), in de Verenigde Staten (2,8%), in Frankrijk (2,2%) en in Duitsland (2,0%).

Hoofdstuk III. Bruto nationaal inkomen

Het bruto nationaal inkomen van Tsjecho-Slowakije steeg van US$28,2 miljard per jaar in de jaren 1970 tot US$52,5 miljard per jaar in de jaren 1980, dat wil zeggen met US$24,4 miljard of 86,5%. De verandering vond plaats op US$15,0 miljard als gevolg van een 1,4-voudige stijging van de prijzen, en ook op US$8,0 miljard als gevolg van een 1,3-voudige toename van de productiviteit , evenals op US$1,3 miljard als gevolg van de toename van de bevolking. De gemiddelde jaarlijkse groei van het bruto nationaal inkomen is 3,0%. De minimumwaarde van het BNI bedroeg US$16,3 miljard in 1970. De maximumwaarde van het BNI bedroeg US$60,5 miljard in 1987.

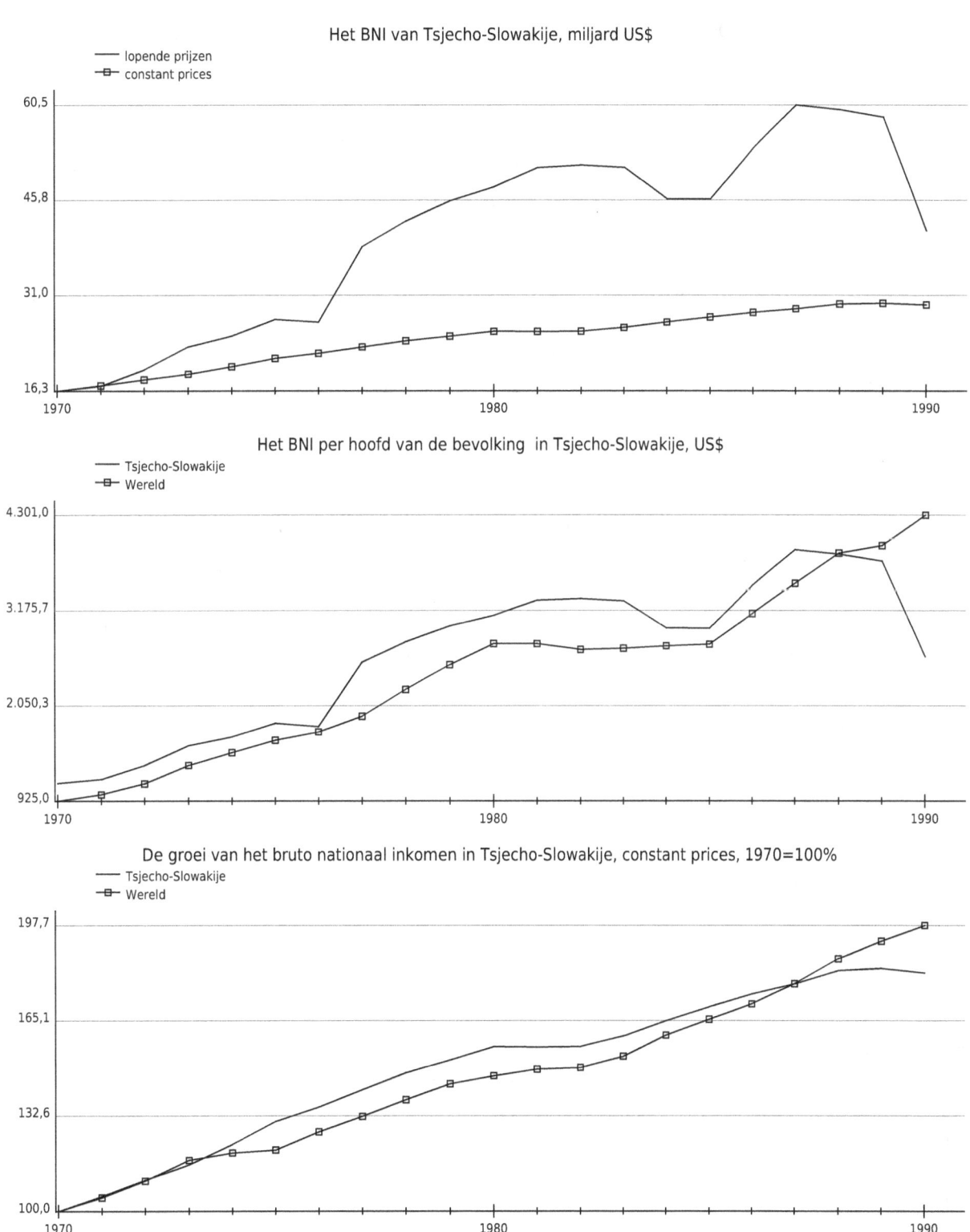

de jaren 1970

Het BNI van Tsjecho-Slowakije bedroeg in de jaren 1970 US$28,2 miljard per jaar, stond op de 33e plaats in de wereld. Het aandeel in de wereld was 0,43%, en 1,0% in Europa.

Het bruto nationaal inkomen per hoofd in Tsjecho-Slowakije was $1.905,1 in de jaren 1970s, stond op de 55e plaats in de wereld, en was vergelijkbaar met Portugal (US$1.886,1), Argentinië (US$1.953,3). Het bruto nationaal inkomen per hoofd in Tsjecho-Slowakije was 17,3% hoger dan het bruto nationaal inkomen per hoofd van de bevolking in de wereld ($1.624,3), en was 48,9% lager dan het bruto nationaal inkomen per hoofd van de bevolking in Europa ($1.624,3).

De groei van het bruto nationaal inkomen in Tsjecho-Slowakije bedroeg 4.7% in de jaren 1970, stond op de 81e plaats in de wereld, en was vergelijkbaar met Polynesië (4,7%), de Maldiven (4,7%), de Sovjet-Unie (4,8%). De groei van het bruto nationaal inkomen in Tsjecho-Slowakije (4,7%) was groter dan de groei van het BNI in de wereld (4,1%), was groter dan de groei van het BNI in Europa (3,6%).

Vergelijking met buren. Het BNI van Tsjecho-Slowakije was groter dan in Hongarije (US$12,6 miljard); maar minder dan in Duitsland (US$486,2 miljard), in Polen (US$47,3 miljard) en in Oostenrijk (US$39,2 miljard). Het bruto nationaal inkomen per hoofd in Tsjecho-Slowakije was groter dan in Polen (US$1.396,6) en in Hongarije (US$1.193,5); maar minder dan in Duitsland (US$6,2 duizend) en in Oostenrijk (US$5,2 duizend). De groei van het BNI in Tsjecho-Slowakije was groter dan in Oostenrijk (3,8%) en in Duitsland (3,0%); maar minder dan in Polen (5,9%) en in Hongarije (5,2%).

Vergelijking met leiders. Het BNI van Tsjecho-Slowakije was minder dan in de Verenigde Staten (US$1,7 biljoen), in de Sovjet-Unie (US$649,4 miljard), in Japan (US$558,5 miljard), in Duitsland (US$486,2 miljard) en in Frankrijk (US$334,3 miljard). Het bruto nationaal inkomen per hoofd in Tsjecho-Slowakije was minder dan in de Verenigde Staten (US$7,8 duizend), in Frankrijk (US$6,2 duizend), in Duitsland (US$6,2 duizend), in Japan (US$5,0 duizend) en in de Sovjet-Unie (US$2,6 duizend). De groei van het BNI in Tsjecho-Slowakije was groter dan in Japan (4,7%), in Frankrijk (3,9%), in de Verenigde Staten (3,5%) en in Duitsland (3,0%); maar minder dan in de Sovjet-Unie (4,8%).

de jaren 1980

Het bruto nationaal inkomen van Tsjecho-Slowakije bedroeg in de jaren 1980 US$52,5 miljard per jaar, stond op de 35e plaats in de wereld, en was vergelijkbaar met Algerije (US$51,8 miljard). Het aandeel in de wereld was 0,35%, en 0,96% in Europa.

Het BNI per hoofd in Tsjecho-Slowakije was $3.391,8 in de jaren 1980s, stond op de 61e plaats in de wereld, en was vergelijkbaar met de Seychellen (US$3,3 duizend). Het bruto nationaal inkomen per hoofd in Tsjecho-Slowakije was 8,8% hoger dan het bruto nationaal inkomen per hoofd van de bevolking in de wereld ($3.117,1), en was in 2,1 keer lager dan het bruto nationaal inkomen per hoofd van de bevolking in Europa ($3.117,1).

De groei van het bruto nationaal inkomen in Tsjecho-Slowakije bedroeg 1.9% in de jaren 1980, stond op de 124e plaats in de wereld, en was vergelijkbaar met Jordanië (1,9%). De groei van het BNI in Tsjecho-Slowakije (1,9%) was minder dan de groei van het BNI in de wereld (3,0%), was minder dan de groei van het BNI in Europa (2,4%).

Vergelijking met buren. Het BNI van Tsjecho-Slowakije was 2,0 keer groter dan in Hongarije (US$26,1 miljard); maar 19,0 keer minder dan in Duitsland (US$996,5 miljard), 43,2% minder dan in Oostenrijk (US$92,5 miljard) en 23,5% minder dan in Polen (US$68,7 miljard). Het BNI per hoofd in Tsjecho-Slowakije was 37,6% groter dan in Hongarije (US$2,5 duizend) en 82,0% groter dan in Polen (US$1.863,9); maar 3,8 keer minder dan in Duitsland (US$12,8 duizend) en 3,6 keer minder dan in Oostenrijk (US$12,1 duizend). De groei van het bruto nationaal inkomen in Tsjecho-Slowakije was groter dan in Hongarije (1,2%) en in Polen (0,32%); maar minder dan in Duitsland (2,0%) en in Oostenrijk (2,0%).

Vergelijking met leiders. Het BNI van Tsjecho-Slowakije was 79,2 keer minder dan in de Verenigde Staten (US$4,2 biljoen), 34,7 keer minder dan in Japan (US$1,8 biljoen), 19,0 keer minder dan in Duitsland (US$996,5 miljard), 16,9 keer minder dan in de Sovjet-Unie (US$887,0 miljard) en 13,9 keer minder dan in Frankrijk (US$732,1 miljard). Het BNI per hoofd in Tsjecho-Slowakije was 5,2% groter dan in de Sovjet-Unie (US$3,2 duizend); maar 5,1 keer minder dan in de Verenigde Staten (US$17,4 duizend), 4,4 keer minder dan in Japan (US$15,0 duizend), 3,8 keer minder dan in Frankrijk (US$13,0 duizend) en 3,8 keer minder dan in Duitsland (US$12,8 duizend). De groei van het bruto nationaal inkomen in Tsjecho-Slowakije was minder dan in Japan (4,4%), in de Sovjet-Unie (4,3%), in de Verenigde Staten (3,1%), in Frankrijk (2,3%) en in Duitsland (2,0%).

Part II. Structuur

	de jaren 1980
landbouw	6,4%
industrie	32,4%
constructie	8,1%
handel	11,1%
vervoer	7,0%
diensten	35,1%

Hoofdstuk IV. Landbouw

Landbouw, jacht, bosbouw, vissen (ISIC A-B)

De landbouw van Tsjecho-Slowakije steeg van US$2,2 miljard per jaar in de jaren 1970 tot US$3,4 miljard per jaar in de jaren 1980, dat wil zeggen met US$1,2 miljard of 56,1%. De verandering vond plaats op US$1,0 miljard als gevolg van een 1,4-voudige stijging van de prijzen, en ook op US$94,3 miljoen als gevolg van een 1,0-voudige toename van de productiviteit , evenals op US$102,4 miljoen als gevolg van de toename van de bevolking. De gemiddelde jaarlijkse groei van de landbouw is 1,7%. De minimumwaarde van de landbouw bedroeg US$1,5 miljard in 1970. De maximumwaarde van de landbouw bedroeg US$4,6 miljard in 1989.

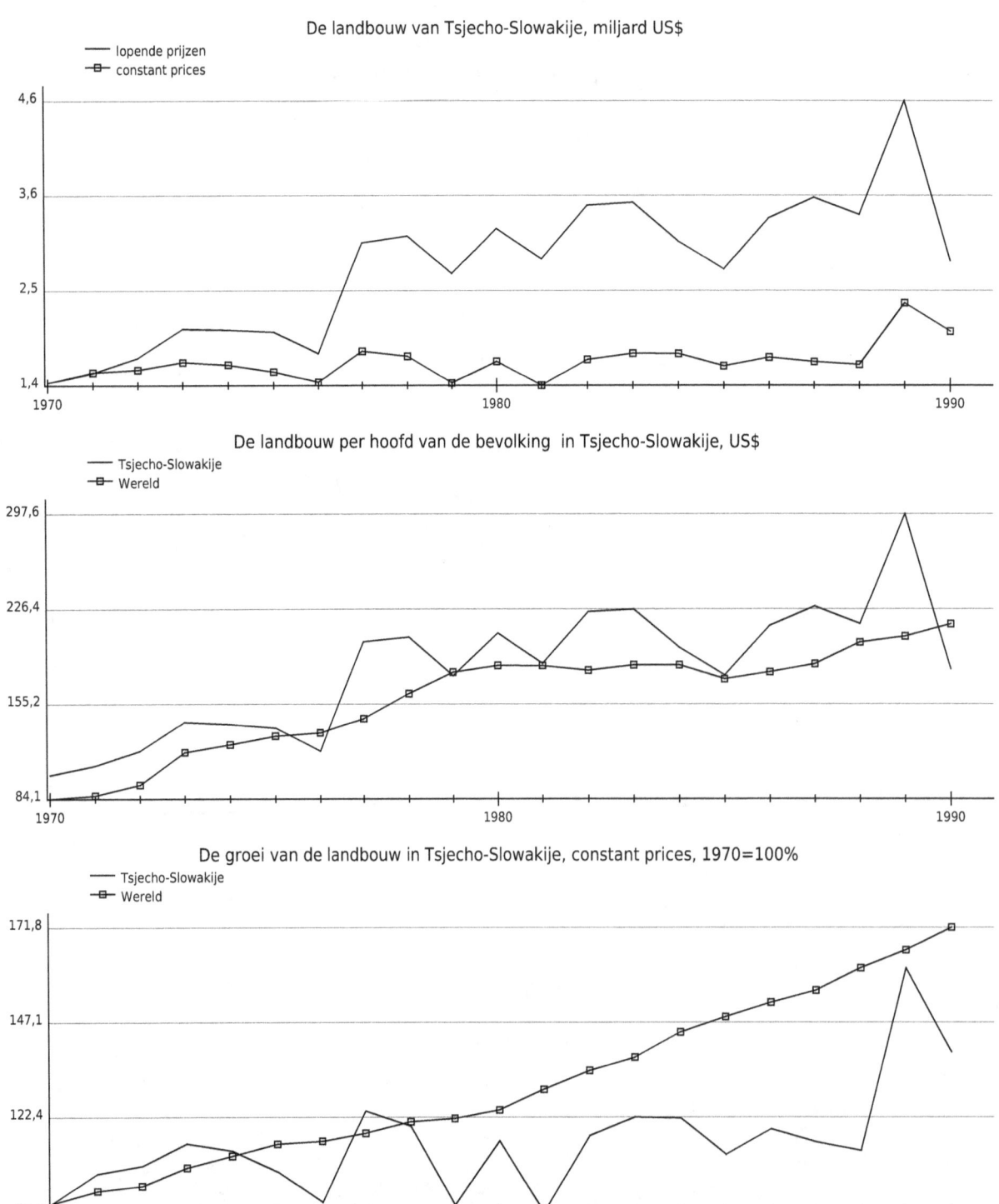

De landbouw van Tsjecho-Slowakije, miljard US$

De landbouw per hoofd van de bevolking in Tsjecho-Slowakije, US$

De groei van de landbouw in Tsjecho-Slowakije, constant prices, 1970=100%

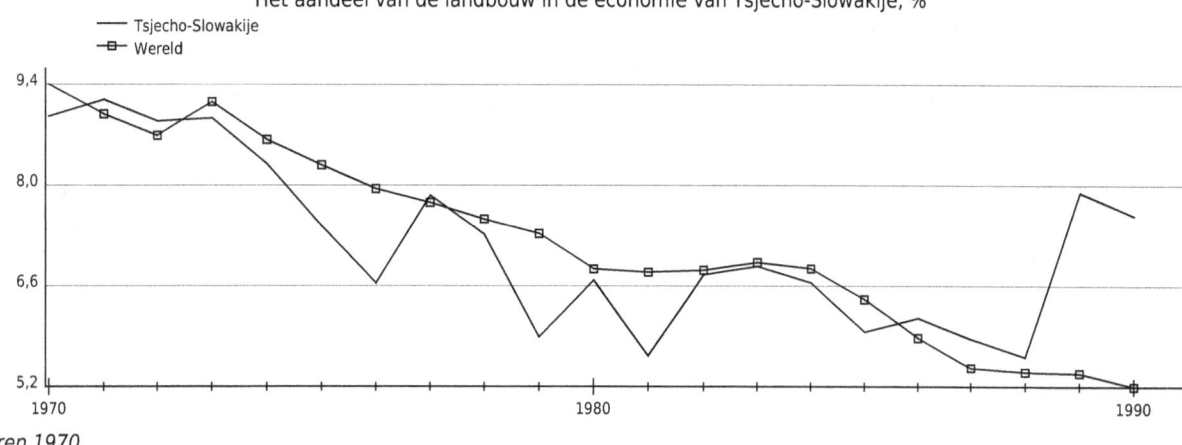

Het aandeel van de landbouw in de economie van Tsjecho-Slowakije, %

de jaren 1970

De landbouw van Tsjecho-Slowakije bedroeg in de jaren 1970 US$2,2 miljard per jaar, stond op de 38e plaats in de wereld, en was vergelijkbaar met Congo-Kinshasa (US$2,2 miljard). Het aandeel in de wereld was 0,42%, en 1,1% in Europa.

Het aandeel van de landbouw in de economie van Tsjecho-Slowakije was 7,7% in de jaren 1970, stond op de 129e plaats in de wereld, en was vergelijkbaar met Europa (7,7%), Iran (7,6%).

De waarde van de landbouw per hoofd in Tsjecho-Slowakije was $145,9 in de jaren 1970s, stond op de 65e plaats in de wereld, en was vergelijkbaar met Belize (US$144,7), Cuba (US$144,7), Mauritius (US$148,0). De landbouw per hoofd in Tsjecho-Slowakije was 14,3% hoger dan de landbouw per hoofd van de bevolking in de wereld ($127,6), en was 45,6% lager dan de landbouw per hoofd van de bevolking in Europa ($127,6).

De groei van de landbouw in Tsjecho-Slowakije bedroeg -0.1% in de jaren 1970, stond op de 163e plaats in de wereld. De groei van de landbouw in Tsjecho-Slowakije (-0,058%) was minder dan de groei van de landbouw in de wereld (2,2%), was minder dan de groei van de landbouw in Europa (3,3%).

Vergelijking met buren. De landbouw van Tsjecho-Slowakije was groter dan in Oostenrijk (US$2,0 miljard) en in Hongarije (US$1,9 miljard); maar minder dan in Duitsland (US$11,9 miljard) en in Polen (US$6,7 miljard). De landbouw per hoofd in Tsjecho-Slowakije was minder dan in Oostenrijk (US$257,0), in Polen (US$196,5), in Hongarije (US$182,8) en in Duitsland (US$150,6). De groei van de landbouw in Tsjecho-Slowakije was minder dan in Polen (6,0%), in Hongarije (3,0%), in Oostenrijk (1,5%) en in Duitsland (1,2%).

Vergelijking met leiders. De toegevoegde waarde van de landbouw in Tsjecho-Slowakije was minder dan in de Sovjet-Unie (US$88,7 miljard), in China (US$49,5 miljard), in de Verenigde Staten (US$42,6 miljard), in India (US$36,0 miljard) en in Japan (US$25,8 miljard). De sector van de landbouw per hoofd in Tsjecho-Slowakije was groter dan in India (US$58,3) en in China (US$54,2); maar minder dan in de Sovjet-Unie (US$351,8), in Japan (US$231,3) en in de Verenigde Staten (US$195,0). De groei van de landbouw in Tsjecho-Slowakije was minder dan in de Sovjet-Unie (7,0%), in China (2,4%), in Japan (0,52%), in de Verenigde Staten (0,34%) en in India (0,30%).

de jaren 1980

De toegevoegde waarde van de landbouw in Tsjecho-Slowakije bedroeg in de jaren 1980 US$3,4 miljard per jaar, stond op de 43e plaats in de wereld, en was vergelijkbaar met Ghana (US$3,4 miljard). Het aandeel in de wereld was 0,37%, en 1,1% in Europa.

Het aandeel van de landbouw in de economie van Tsjecho-Slowakije was 6,4% in de jaren 1980, stond op de 128e plaats in de wereld.

De landbouw per hoofd in Tsjecho-Slowakije was $217,5 in de jaren 1980s, stond op de 74e plaats in de wereld, en was vergelijkbaar met Algerije (US$219,4), Grenada (US$215,1), Noord-Korea (US$214,8). De waarde van de landbouw per hoofd in Tsjecho-Slowakije was 16,5% hoger dan de landbouw per hoofd van de bevolking in de wereld ($186,6), en was 43,7% lager dan de landbouw per hoofd van de bevolking in Europa ($186,6).

De groei van de landbouw in Tsjecho-Slowakije bedroeg 4.9% in de jaren 1980, stond op de 26e plaats in de wereld, en was vergelijkbaar met Marokko (4,9%). De groei van de landbouw in Tsjecho-Slowakije (4,9%) was groter dan de groei van de landbouw in de wereld (3,1%), was groter dan de groei van de landbouw in Europa (2,1%).

Vergelijking met buren. De sector van de landbouw in Tsjecho-Slowakije was 7,7% groter dan in Oostenrijk (US$3,1 miljard); maar 4,8 keer minder dan in Duitsland (US$16,2 miljard), 2,8 keer minder dan in Polen (US$9,6 miljard) en 12,8% minder dan in Hongarije (US$3,9 miljard). De landbouw per hoofd in Tsjecho-Slowakije was 4,8% groter dan in Duitsland (US$207,4); maar 47,0% minder dan in Oostenrijk (US$410,2), 40,4% minder dan in Hongarije (US$364,9) en 16,1% minder dan in Polen (US$259,1). De groei van de landbouw in Tsjecho-Slowakije was groter dan in Hongarije (2,7%), in Duitsland (1,8%), in Polen (0,99%) en in Oostenrijk (-0,28%).

Vergelijking met leiders. De sector van de landbouw in Tsjecho-Slowakije was 37,4 keer minder dan in de Sovjet-Unie (US$125,8 miljard), 28,2 keer minder dan in China (US$94,9 miljard), 20,9 keer minder dan in India (US$70,4 miljard), 20,4 keer minder dan in de Verenigde Staten (US$68,7 miljard) en 14,8 keer minder dan in Japan (US$49,7 miljard). De toegevoegde waarde van de landbouw per hoofd in Tsjecho-Slowakije was 2,4 keer groter dan in India (US$90,7) en 2,5 keer groter dan in China (US$88,5); maar 2,1 keer minder dan in de Sovjet-Unie (US$457,2), 47,0% minder dan in Japan (US$410,0) en 24,2% minder dan in de Verenigde Staten (US$286,8). De groei van de landbouw in Tsjecho-Slowakije was groter dan in India (4,4%), in de Verenigde Staten (3,7%), in de Sovjet-Unie (2,8%) en in Japan (0,41%); maar minder dan in China (5,3%).

Hoofdstuk V. Industrie

Mijnbouw, productie, nutsbedrijven (ISIC C-E)

De sector van de industrie in Tsjecho-Slowakije steeg van US$9,5 miljard per jaar in de jaren 1970 tot US$17,0 miljard per jaar in de jaren 1980, dat wil zeggen met US$7,5 miljard of 79,0%. De verandering vond plaats op US$4,9 miljard als gevolg van een 1,4-voudige stijging van de prijzen, en ook op US$2,2 miljard als gevolg van een 1,2-voudige toename van de productiviteit , evenals op US$451,5 miljoen als gevolg van de toename van de bevolking. De gemiddelde jaarlijkse groei van de industrie is 2,8%. De minimumwaarde van de industrie bedroeg US$5,4 miljard in 1970. De maximumwaarde van de industrie bedroeg US$19,5 miljard in 1987.

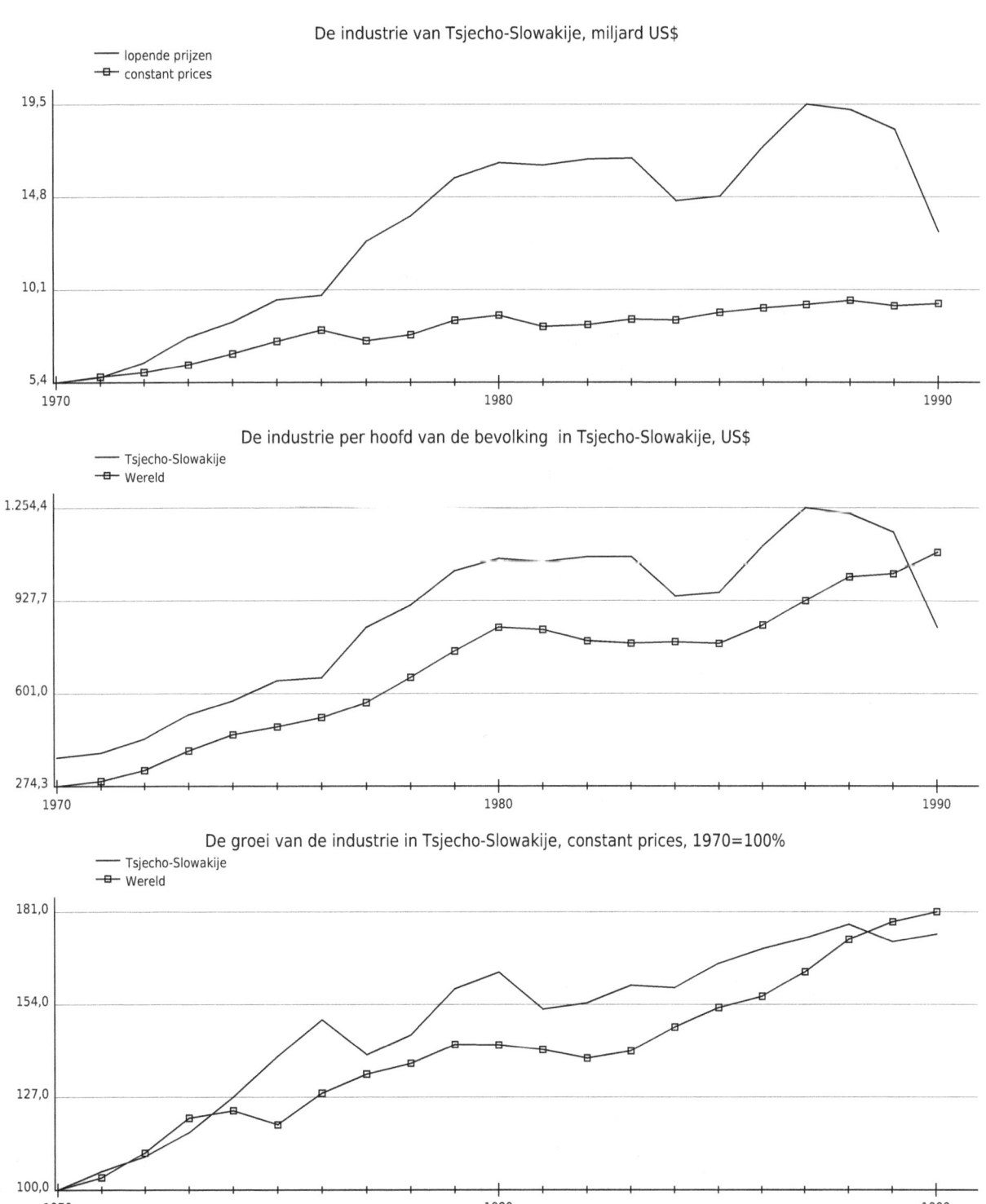

De industrie van Tsjecho-Slowakije, miljard US$

De industrie per hoofd van de bevolking in Tsjecho-Slowakije, US$

De groei van de industrie in Tsjecho-Slowakije, constant prices, 1970=100%

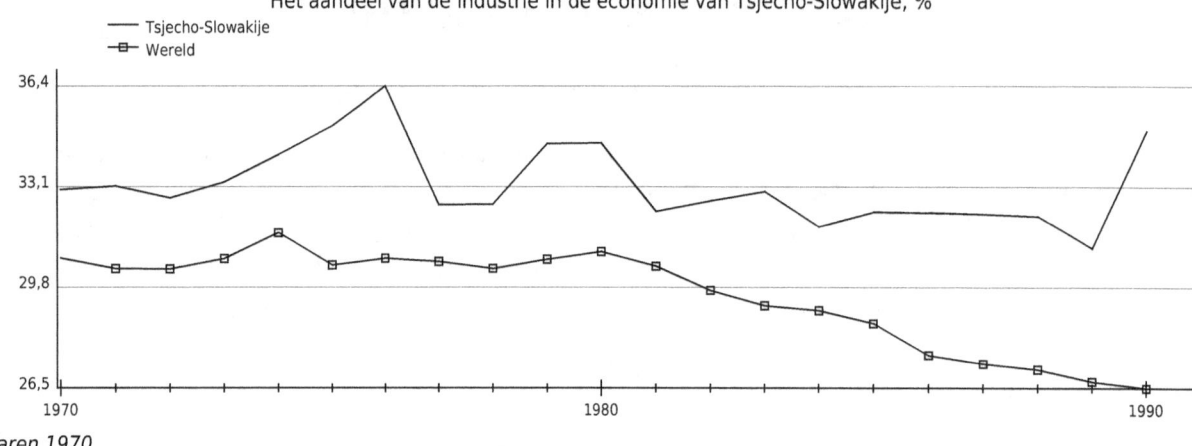

Het aandeel van de industrie in de economie van Tsjecho-Slowakije, %

— Tsjecho-Slowakije
—▣— Wereld

de jaren 1970

De waarde van de industrie in Tsjecho-Slowakije bedroeg in de jaren 1970 US$9,5 miljard per jaar, stond op de 30e plaats in de wereld. Het aandeel in de wereld was 0,49%, en 1,2% in Europa.

Het aandeel van de industrie in de economie van Tsjecho-Slowakije was 33,8% in de jaren 1970, stond op de 38e plaats in de wereld, en was vergelijkbaar met Albanië (33,9%), Zuid-Amerika (33,5%), Japan (34,0%).

De toegevoegde waarde van de industrie per hoofd in Tsjecho-Slowakije was $643,2 in de jaren 1970s, stond op de 42e plaats in de wereld, en was vergelijkbaar met Griekenland (US$652,0), Argentinië (US$655,8), Iran (US$628,5). De sector van de industrie per hoofd in Tsjecho-Slowakije was 33,9% hoger dan de industrie per hoofd van de bevolking in de wereld ($480,5), en was 43,2% lager dan de industrie per hoofd van de bevolking in Europa ($480,5).

De groei van de industrie in Tsjecho-Slowakije bedroeg 5.3% in de jaren 1970, stond op de 82e plaats in de wereld, en was vergelijkbaar met de Caraïben (5,3%), Zuid-Europa (5,3%). De groei van de industrie in Tsjecho-Slowakije (5,3%) was groter dan de groei van de industrie in de wereld (4,0%), was groter dan de groei van de industrie in Europa (3,6%).

Vergelijking met buren. De industrie van Tsjecho-Slowakije was groter dan in Hongarije (US$4,5 miljard); maar minder dan in Duitsland (US$158,4 miljard), in Polen (US$19,9 miljard) en in Oostenrijk (US$10,8 miljard). De sector van de industrie per hoofd in Tsjecho-Slowakije was groter dan in Polen (US$587,6) en in Hongarije (US$430,6); maar minder dan in Duitsland (US$2,0 duizend) en in Oostenrijk (US$1.423,9). De groei van de industrie in Tsjecho-Slowakije was groter dan in Oostenrijk (3,8%) en in Duitsland (2,1%); maar minder dan in Hongarije (6,5%) en in Polen (6,0%).

Vergelijking met leiders. De sector van de industrie in Tsjecho-Slowakije was minder dan in de Verenigde Staten (US$450,4 miljard), in de Sovjet-Unie (US$248,8 miljard), in Japan (US$185,6 miljard), in Duitsland (US$158,4 miljard) en in het Verenigd Koninkrijk (US$72,6 miljard). De sector van de industrie per hoofd in Tsjecho-Slowakije was minder dan in de Verenigde Staten (US$2,1 duizend), in Duitsland (US$2,0 duizend), in Japan (US$1.666,5), in het Verenigd Koninkrijk (US$1.295,1) en in de Sovjet-Unie (US$986,6). De groei van de industrie in Tsjecho-Slowakije was groter dan in de Sovjet-Unie (5,2%), in Japan (4,5%), in de Verenigde Staten (2,4%), in Duitsland (2,1%) en in het Verenigd Koninkrijk (1,9%).

de jaren 1980

De waarde van de industrie in Tsjecho-Slowakije bedroeg in de jaren 1980 US$17,0 miljard per jaar, stond op de 36e plaats in de wereld. Het aandeel in de wereld was 0,41%, en 1,1% in Europa.

Het aandeel van de industrie in de economie van Tsjecho-Slowakije was 32,4% in de jaren 1980, stond op de 34e plaats in de wereld.

De sector van de industrie per hoofd in Tsjecho-Slowakije was $1.098,9 in de jaren 1980s, stond op de 48e plaats in de wereld, en was vergelijkbaar met de Sovjet-Unie (US$1.110,8), Bermuda (US$1.121,7), Mexico (US$1.123,6). De industrie per hoofd in Tsjecho-Slowakije was 27,5% hoger dan de industrie per hoofd van de bevolking in de wereld ($861,8), en was 43,2% lager dan de industrie per hoofd van de bevolking in Europa ($861,8).

De groei van de industrie in Tsjecho-Slowakije bedroeg 0.8% in de jaren 1980, stond op de 143e plaats in de wereld. De groei van de industrie in Tsjecho-Slowakije (0,83%) was minder dan de groei van de industrie in de wereld (2,3%), was minder dan de groei van de industrie in Europa (2,3%).

Vergelijking met buren. De toegevoegde waarde van de industrie in Tsjecho-Slowakije was 2,1 keer groter dan in Hongarije (US$8,1 miljard); maar 17,5 keer minder dan in Duitsland (US$297,5 miljard), 41,3% minder dan in Polen (US$29,0 miljard) en 23,5% minder dan in Oostenrijk (US$22,3 miljard). De waarde van de industrie per hoofd in Tsjecho-Slowakije was 39,7% groter dan in Polen (US$786,4) en 44,3% groter dan in Hongarije (US$761,4); maar 3,5 keer minder dan in Duitsland (US$3,8 duizend) en 2,7 keer minder dan in Oostenrijk (US$2,9 duizend). De groei van de industrie in Tsjecho-Slowakije was minder dan in Oostenrijk (2,1%), in Polen (1,3%), in Duitsland (1,2%) en in Hongarije (1,1%).

Vergelijking met leiders. De toegevoegde waarde van de industrie in Tsjecho-Slowakije was 58,8 keer minder dan in de Verenigde Staten (US$1,0 biljoen), 33,3 keer minder dan in Japan (US$566,4 miljard), 18,0 keer minder dan in de Sovjet-Unie (US$305,7 miljard), 17,5 keer minder dan in Duitsland (US$297,5 miljard) en 10,1 keer minder dan in het Verenigd Koninkrijk (US$171,2 miljard). De toegevoegde waarde van de industrie per hoofd in Tsjecho-Slowakije was 4,2 keer minder dan in Japan (US$4,7 duizend), 3,8 keer minder dan in de Verenigde Staten (US$4,2 duizend), 3,5 keer minder dan in Duitsland (US$3,8 duizend), 2,8 keer minder dan in het Verenigd Koninkrijk (US$3,0 duizend) en 1,1% minder dan in de Sovjet-Unie (US$1.110,8). De groei van de industrie in Tsjecho-Slowakije was minder dan in de Sovjet-Unie (5,3%), in Japan (4,2%), in de Verenigde Staten (1,9%), in het Verenigd Koninkrijk (1,4%) en in Duitsland (1,2%).

Hoofdstuk 5.1. Fabricage

(ISIC D)

De waarde van de fabricage in Tsjecho-Slowakije steeg van US$9,5 miljard per jaar in de jaren 1970 tot US$17,0 miljard per jaar in de jaren 1980, dat wil zeggen met US$7,5 miljard of 79,0%. De verandering vond plaats op US$4,9 miljard als gevolg van een 1,4-voudige stijging van de prijzen, en ook op US$2,2 miljard als gevolg van een 1,2-voudige toename van de productiviteit , evenals op US$451,5 miljoen als gevolg van de toename van de bevolking. De gemiddelde jaarlijkse groei van de fabricage is 2,8%. De minimumwaarde van de fabricage bedroeg US$5,4 miljard in 1970. De maximumwaarde van de fabricage bedroeg US$19,5 miljard in 1987.

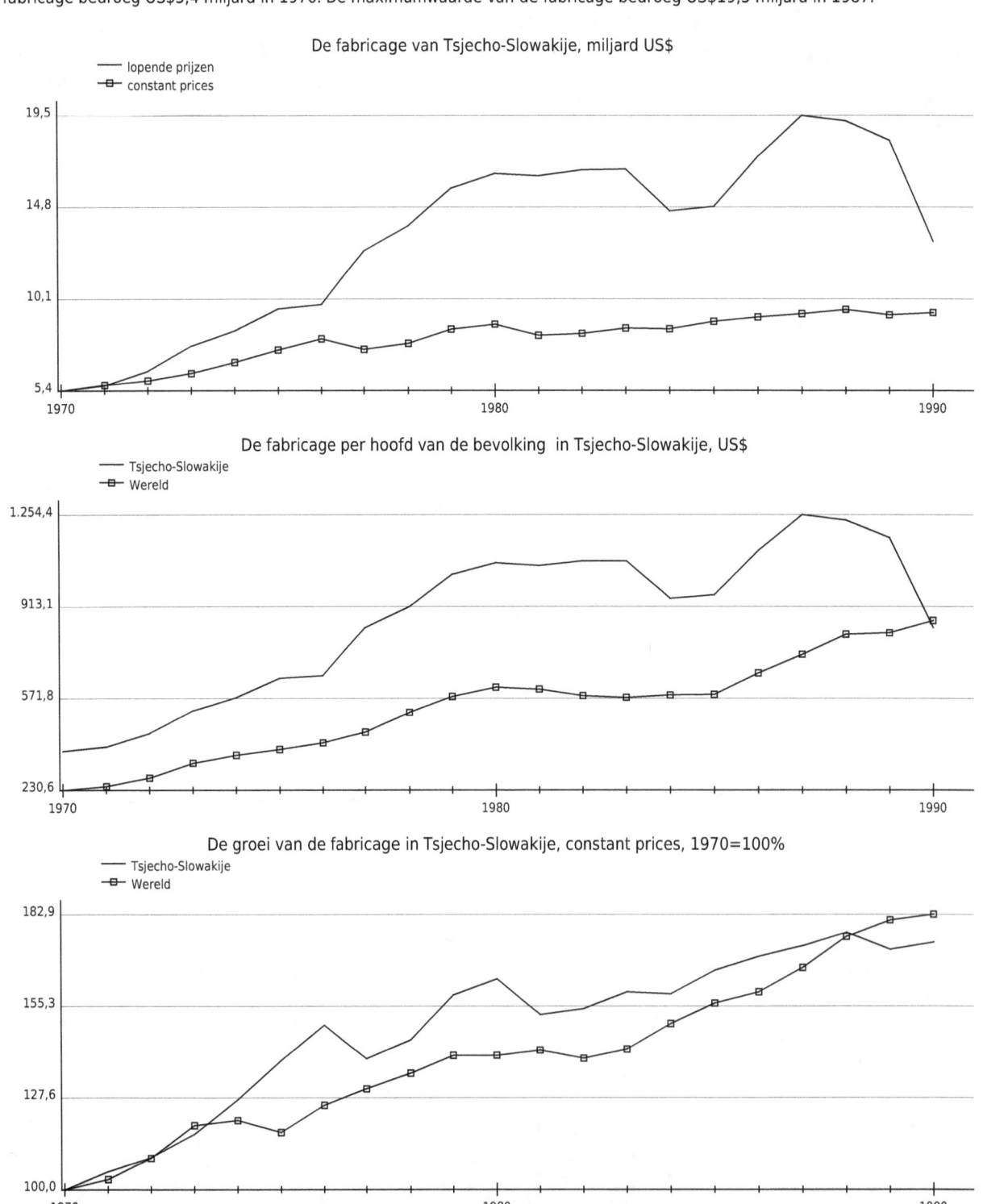

De fabricage van Tsjecho-Slowakije, miljard US$

De fabricage per hoofd van de bevolking in Tsjecho-Slowakije, US$

De groei van de fabricage in Tsjecho-Slowakije, constant prices, 1970=100%

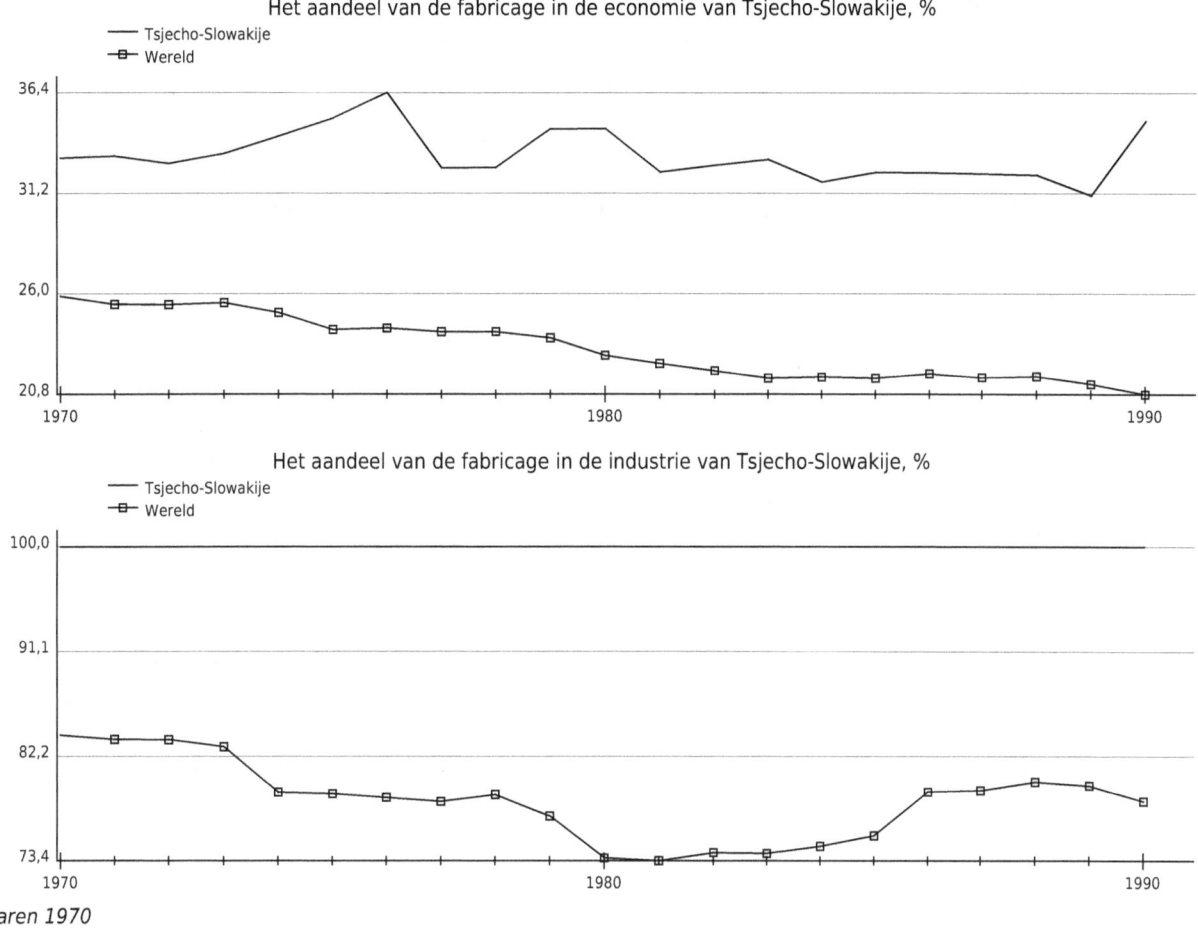

Het aandeel van de fabricage in de economie van Tsjecho-Slowakije, %

Het aandeel van de fabricage in de industrie van Tsjecho-Slowakije, %

de jaren 1970

De sector van de fabricage in Tsjecho-Slowakije bedroeg in de jaren 1970 US$9,5 miljard per jaar, stond op de 22e plaats in de wereld, en was vergelijkbaar met Roemenië (US$9,4 miljard). Het aandeel in de wereld was 0,61%, en 1,3% in Europa.

Het aandeel van de fabricage in de economie van Tsjecho-Slowakije was 33,8% in de jaren 1970, stond op de 4e plaats in de wereld, en was vergelijkbaar met de Dominicaanse Republiek (33,6%).

De toegevoegde waarde van de fabricage per hoofd in Tsjecho-Slowakije was $643,2 in de jaren 1970s, stond op de 30e plaats in de wereld. De fabricage per hoofd in Tsjecho-Slowakije was 67,8% hoger dan de fabricage per hoofd van de bevolking in de wereld ($383,2), en was 36,9% lager dan de fabricage per hoofd van de bevolking in Europa ($383,2).

De groei van de fabricage in Tsjecho-Slowakije bedroeg 5.3% in de jaren 1970, stond op de 85e plaats in de wereld, en was vergelijkbaar met Oost-Azië (5,2%), Portugal (5,3%). De groei van de fabricage in Tsjecho-Slowakije (5,3%) was groter dan de groei van de fabricage in de wereld (3,8%), was groter dan de groei van de fabricage in Europa (3,5%).

Vergelijking met buren. De toegevoegde waarde van de fabricage in Tsjecho-Slowakije was groter dan in Oostenrijk (US$9,2 miljard) en in Hongarije (US$3,2 miljard); maar minder dan in Duitsland (US$138,0 miljard) en in Polen (US$15,0 miljard). De sector van de fabricage per hoofd in Tsjecho-Slowakije was groter dan in Polen (US$444,1) en in Hongarije (US$304,2); maar minder dan in Duitsland (US$1.752,1) en in Oostenrijk (US$1.215,4). De groei van de fabricage in Tsjecho-Slowakije was groter dan in Oostenrijk (3,7%) en in Duitsland (2,1%); maar minder dan in Hongarije (6,6%) en in Polen (6,0%).

Vergelijking met leiders. De fabricage van Tsjecho-Slowakije was minder dan in de Verenigde Staten (US$378,0 miljard), in de Sovjet-Unie (US$248,8 miljard), in Japan (US$169,3 miljard), in Duitsland (US$138,0 miljard) en in Frankrijk (US$64,5 miljard). De toegevoegde waarde van de fabricage per hoofd in Tsjecho-Slowakije was minder dan in Duitsland (US$1.752,1), in de Verenigde Staten (US$1.731,8), in Japan (US$1.520,6), in Frankrijk (US$1.203,0) en in de Sovjet-Unie (US$986,6). De groei van de fabricage in Tsjecho-Slowakije was groter dan in de Sovjet-Unie (5,2%), in Japan (4,5%), in Frankrijk (3,5%), in de Verenigde Staten (2,7%) en in Duitsland (2,1%).

de jaren 1980

De waarde van de fabricage in Tsjecho-Slowakije bedroeg in de jaren 1980 US$17,0 miljard per jaar, stond op de 27e plaats in de wereld, en was vergelijkbaar met Zuid-Afrika (US$17,2 miljard). Het aandeel in de wereld was 0,53%, en 1,3% in Europa.

Het aandeel van de fabricage in de economie van Tsjecho-Slowakije was 32,4% in de jaren 1980, stond op de 6e plaats in de wereld.

De waarde van de fabricage per hoofd in Tsjecho-Slowakije was $1.098,9 in de jaren 1980s, stond op de 34e plaats in de wereld, en was vergelijkbaar met Koeweit (US$1.097,5), de Sovjet-Unie (US$1.110,8). De toegevoegde waarde van de fabricage per hoofd in Tsjecho-Slowakije was 66,2% hoger dan de fabricage per hoofd van de bevolking in de wereld ($661,2), en was 34,3% lager dan de fabricage per hoofd van de bevolking in Europa ($661,2).

De groei van de fabricage in Tsjecho-Slowakije bedroeg 0.8% in de jaren 1980, stond op de 145e plaats in de wereld. De groei van de fabricage in Tsjecho-Slowakije (0,83%) was minder dan de groei van de fabricage in de wereld (2,6%), was minder dan de groei van de fabricage in Europa (2,1%).

Vergelijking met buren. De sector van de fabricage in Tsjecho-Slowakije was 3,0 keer groter dan in Hongarije (US$5,6 miljard); maar 15,2 keer minder dan in Duitsland (US$258,7 miljard), 22,3% minder dan in Polen (US$21,9 miljard) en 7,5% minder dan in Oostenrijk (US$18,4 miljard). De waarde van de fabricage per hoofd in Tsjecho-Slowakije was 84,9% groter dan in Polen (US$594,4) en 2,1 keer groter dan in Hongarije (US$532,8); maar 3,0 keer minder dan in Duitsland (US$3,3 duizend) en 2,2 keer minder dan in Oostenrijk (US$2,4 duizend). De groei van de fabricage in Tsjecho-Slowakije was minder dan in Oostenrijk (2,5%), in Polen (1,4%), in Hongarije (1,4%) en in Duitsland (1,2%).

Vergelijking met leiders. De sector van de fabricage in Tsjecho-Slowakije was 46,4 keer minder dan in de Verenigde Staten (US$789,4 miljard), 29,4 keer minder dan in Japan (US$501,0 miljard), 18,0 keer minder dan in de Sovjet-Unie (US$305,7 miljard), 15,2 keer minder dan in Duitsland (US$258,7 miljard) en 7,9 keer minder dan in Italië (US$134,1 miljard). De waarde van de fabricage per hoofd in Tsjecho-Slowakije was 3,8 keer minder dan in Japan (US$4,1 duizend), 3,0 keer minder dan in Duitsland (US$3,3 duizend), 3,0 keer minder dan in de Verenigde Staten (US$3,3 duizend), 2,1 keer minder dan in Italië (US$2,4 duizend) en 1,1% minder dan in de Sovjet-Unie (US$1.110,8). De groei van de fabricage in Tsjecho-Slowakije was minder dan in de Sovjet-Unie (5,3%), in Japan (4,4%), in Italië (2,5%), in de Verenigde Staten (1,9%) en in Duitsland (1,2%).

Hoofdstuk VI. Constructie

(ISIC F)

De bouw van Tsjecho-Slowakije steeg van US$2,6 miljard per jaar in de jaren 1970 tot US$4,2 miljard per jaar in de jaren 1980, dat wil zeggen met US$1,7 miljard of 65,8%. De verandering vond plaats op US$1,2 miljard als gevolg van een 1,4-voudige stijging van de prijzen, en ook op US$332,2 miljoen als gevolg van een 1,1-voudige toename van de productiviteit , evenals op US$121,5 miljoen als gevolg van de toename van de bevolking. De gemiddelde jaarlijkse groei van de constructie is 2,8%. De minimumwaarde van de constructie bedroeg US$1,4 miljard in 1970. De maximumwaarde van de constructie bedroeg US$4,9 miljard in 1987.

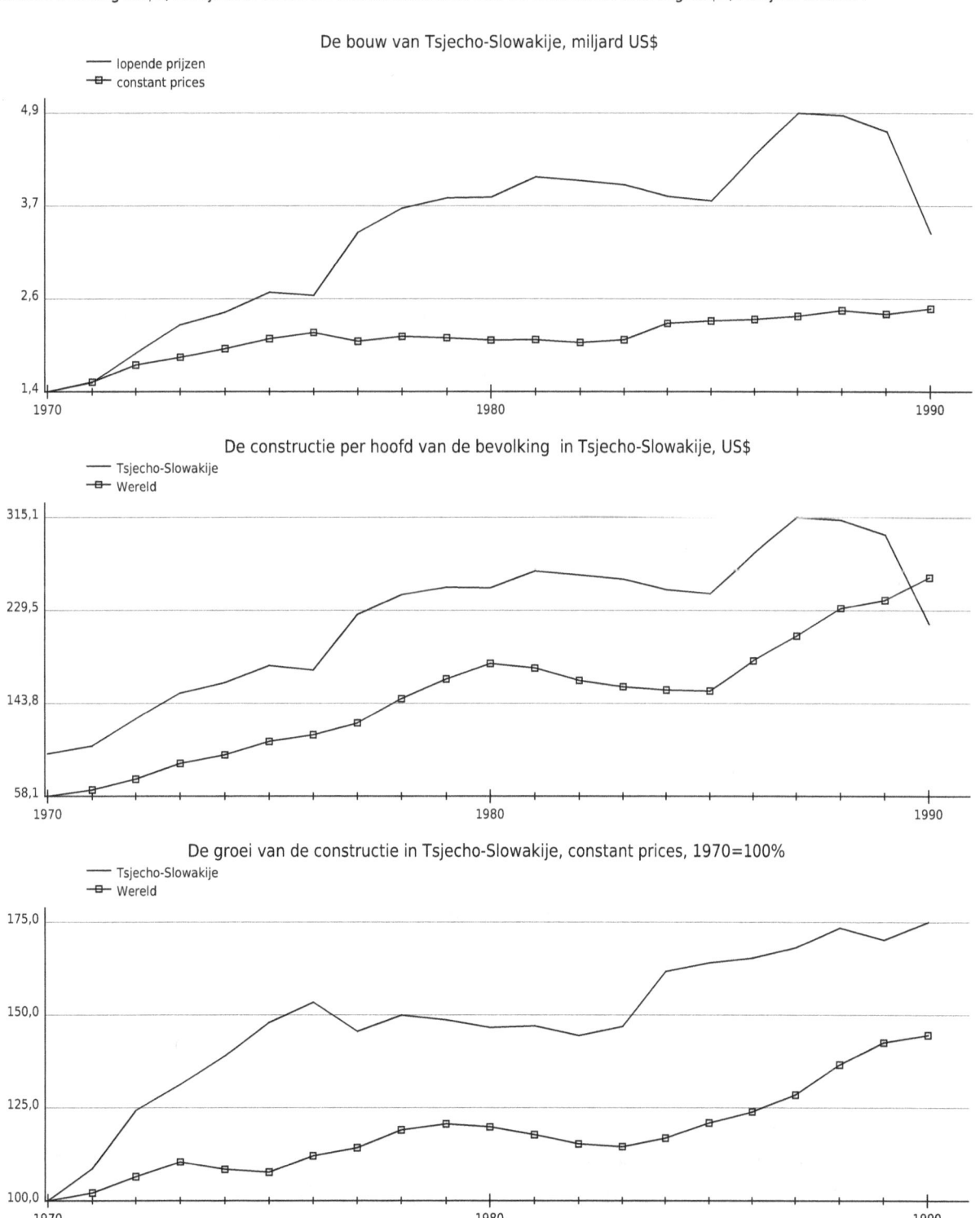

De bouw van Tsjecho-Slowakije, miljard US$

De constructie per hoofd van de bevolking in Tsjecho-Slowakije, US$

De groei van de constructie in Tsjecho-Slowakije, constant prices, 1970=100%

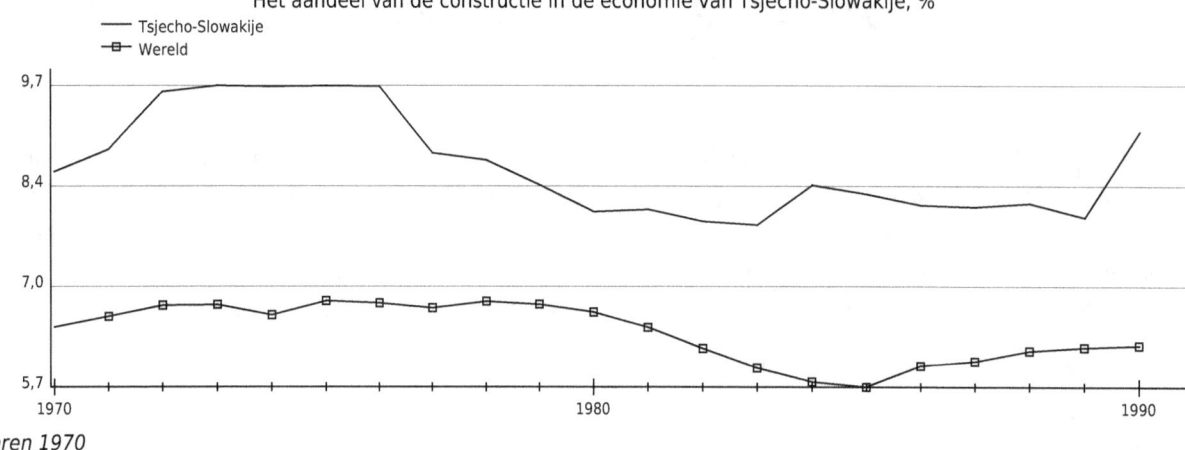

Het aandeel van de constructie in de economie van Tsjecho-Slowakije, %

de jaren 1970

De constructie van Tsjecho-Slowakije bedroeg in de jaren 1970 US$2,6 miljard per jaar, stond op de 28e plaats in de wereld. Het aandeel in de wereld was 0,60%, en 1,3% in Europa.

Het aandeel van de constructie in de economie van Tsjecho-Slowakije was 9,1% in de jaren 1970, stond op de 31e plaats in de wereld, en was vergelijkbaar met Libië (9,1%), Malawi (9,1%), Oostenrijk (9,1%).

De waarde van de constructie per hoofd in Tsjecho-Slowakije was $173,1 in de jaren 1970s, stond op de 51e plaats in de wereld, en was vergelijkbaar met Hongkong (US$174,1), Puerto Rico (US$174,8). De bouw per hoofd in Tsjecho-Slowakije was 63,1% hoger dan de constructie per hoofd van de bevolking in de wereld ($106,1), en was 37,7% lager dan de constructie per hoofd van de bevolking in Europa ($106,1).

De groei van de constructie in Tsjecho-Slowakije bedroeg 4.5% in de jaren 1970, stond op de 95e plaats in de wereld, en was vergelijkbaar met Afrika (4,5%), de Comoren (4,5%). De groei van de constructie in Tsjecho-Slowakije (4,5%) was groter dan de groei van de constructie in de wereld (2,1%), was groter dan de groei van de constructie in Europa (1,3%).

Vergelijking met buren. De sector van de constructie in Tsjecho-Slowakije was groter dan in Hongarije (US$1,0 miljard); maar minder dan in Duitsland (US$33,8 miljard), in Polen (US$5,4 miljard) en in Oostenrijk (US$3,2 miljard). De toegevoegde waarde van de constructie per hoofd in Tsjecho-Slowakije was groter dan in Polen (US$159,5) en in Hongarije (US$98,5); maar minder dan in Duitsland (US$428,6) en in Oostenrijk (US$417,9). De groei van de constructie in Tsjecho-Slowakije was groter dan in Oostenrijk (3,2%) en in Duitsland (0,66%); maar minder dan in Hongarije (6,4%) en in Polen (6,0%).

Vergelijking met leiders. De waarde van de constructie in Tsjecho-Slowakije was minder dan in de Verenigde Staten (US$81,1 miljard), in de Sovjet-Unie (US$52,5 miljard), in Japan (US$43,5 miljard), in Duitsland (US$33,8 miljard) en in Frankrijk (US$22,4 miljard). De bouw per hoofd in Tsjecho-Slowakije was minder dan in Duitsland (US$428,6), in Frankrijk (US$417,3), in Japan (US$390,8), in de Verenigde Staten (US$371,5) en in de Sovjet-Unie (US$208,1). De groei van de constructie in Tsjecho-Slowakije was groter dan in Japan (3,4%), in Frankrijk (2,0%), in Duitsland (0,66%) en in de Verenigde Staten (0,31%); maar minder dan in de Sovjet-Unie (6,5%).

de jaren 1980

De toegevoegde waarde van de constructie in Tsjecho-Slowakije bedroeg in de jaren 1980 US$4,2 miljard per jaar, stond op de 33e plaats in de wereld. Het aandeel in de wereld was 0,47%, en 1,2% in Europa.

Het aandeel van de constructie in de economie van Tsjecho-Slowakije was 8,1% in de jaren 1980, stond op de 36e plaats in de wereld, en was vergelijkbaar met Liechtenstein (8,1%), Bahrein (8,1%), Zwitserland (8,1%).

De sector van de constructie per hoofd in Tsjecho-Slowakije was $274,0 in de jaren 1980s, stond op de 56e plaats in de wereld. De toegevoegde waarde van de constructie per hoofd in Tsjecho-Slowakije was 47,2% hoger dan de constructie per hoofd van de bevolking in de wereld ($186,2), en was 40,8% lager dan de constructie per hoofd van de bevolking in Europa ($186,2).

De groei van de constructie in Tsjecho-Slowakije bedroeg 1.4% in de jaren 1980, stond op de 109e plaats in de wereld. De groei van de constructie in Tsjecho-Slowakije (1,4%) was minder dan de groei van de constructie in de wereld (1,7%), was minder dan de groei van de constructie in Europa (1,9%).

Vergelijking met buren. De sector van de constructie in Tsjecho-Slowakije was 2,3 keer groter dan in Hongarije (US$1,9 miljard); maar 13,6 keer minder dan in Duitsland (US$57,8 miljard), 46,2% minder dan in Polen (US$7,9 miljard) en 28,9% minder dan in Oostenrijk (US$6,0 miljard). De toegevoegde waarde van de constructie per hoofd in Tsjecho-Slowakije was 28,1% groter dan in Polen (US$213,9) en 55,8% groter dan in Hongarije (US$175,9); maar 2,9 keer minder dan in Oostenrijk (US$782,5) en 2,7 keer minder dan in Duitsland (US$740,2). De groei van de constructie in Tsjecho-Slowakije was groter dan in Polen (1,2%), in Hongarije (0,43%), in Duitsland (-0,52%) en in Oostenrijk (-0,57%).

Vergelijking met leiders. De sector van de constructie in Tsjecho-Slowakije was 42,6 keer minder dan in de Verenigde Staten (US$180,6 miljard), 32,7 keer minder dan in Japan (US$138,7 miljard), 17,0 keer minder dan in de Sovjet-Unie (US$72,1 miljard), 13,6 keer minder dan in Duitsland (US$57,8 miljard) en 10,0 keer minder dan in Frankrijk (US$42,5 miljard). De toegevoegde waarde van de constructie per hoofd in Tsjecho-Slowakije was 4,6% groter dan in de Sovjet-Unie (US$262,0); maar 4,2 keer minder dan in Japan (US$1.143,9), 2,8 keer minder dan in de Verenigde Staten (US$754,4), 2,7 keer minder dan in Frankrijk (US$751,9) en 2,7 keer minder dan in Duitsland (US$740,2). De groei van de constructie in Tsjecho-Slowakije was groter dan in de Verenigde Staten (1,1%), in Frankrijk (0,67%) en in Duitsland (-0,52%); maar minder dan in de Sovjet-Unie (6,2%) en in Japan (2,1%).

Hoofdstuk VII. Vervoer

Transport, opslag en communicatie (ISIC I)

Het vervoer van Tsjecho-Slowakije steeg van US$1,7 miljard per jaar in de jaren 1970 tot US$3,7 miljard per jaar in de jaren 1980, dat wil zeggen met US$2,0 miljard of 2,2 keer. De verandering vond plaats op US$1,0 miljard als gevolg van een 1,4-voudige stijging van de prijzen, en ook op US$873,0 miljoen als gevolg van een 1,5-voudige toename van de productiviteit , evenals op US$80,1 miljoen als gevolg van de toename van de bevolking. De gemiddelde jaarlijkse groei van het transport is 1,2%. De minimumwaarde van het transport bedroeg US$1,1 miljard in 1971. De maximumwaarde van het transport bedroeg US$4,2 miljard in 1981.

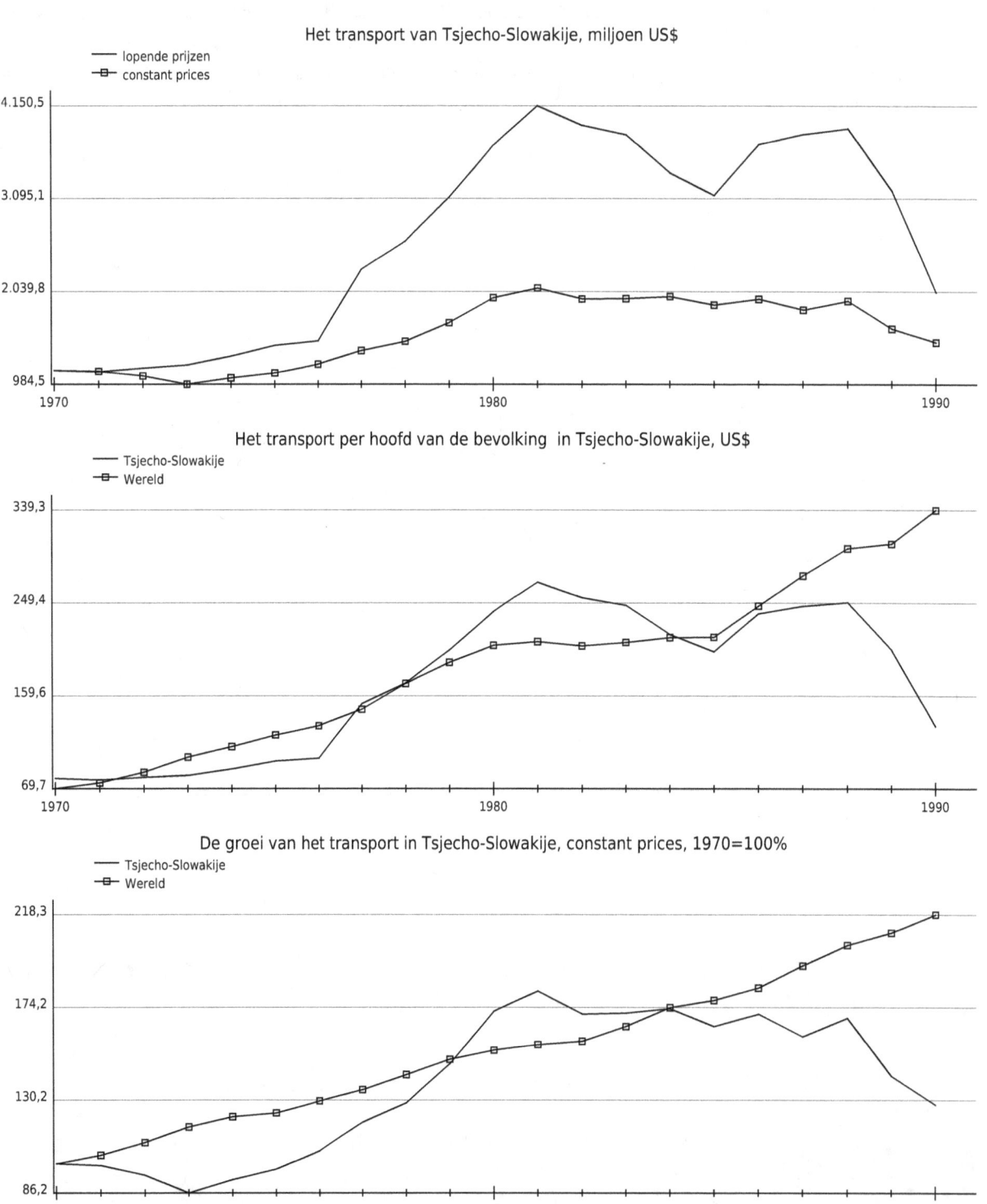

Het transport van Tsjecho-Slowakije, miljoen US$

— lopende prijzen
—◻— constant prices

Het transport per hoofd van de bevolking in Tsjecho-Slowakije, US$

— Tsjecho-Slowakije
—◻— Wereld

De groei van het transport in Tsjecho-Slowakije, constant prices, 1970=100%

— Tsjecho-Slowakije
—◻— Wereld

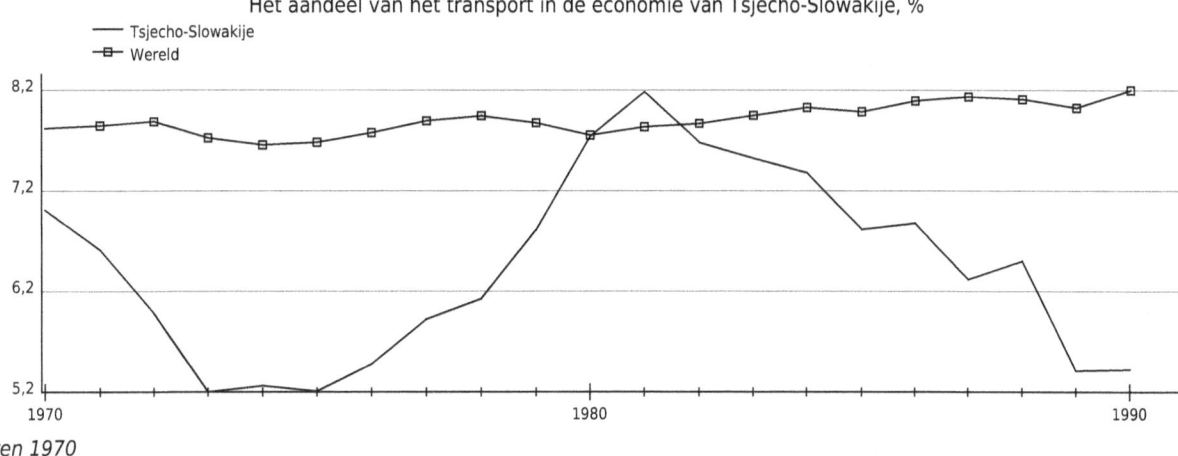

Het aandeel van het transport in de economie van Tsjecho-Slowakije, %

de jaren 1970

Het transport van Tsjecho-Slowakije bedroeg in de jaren 1970 US$1,7 miljard per jaar, stond op de 32e plaats in de wereld, en was vergelijkbaar met Centraal-Afrika (US$1,7 miljard). Het aandeel in de wereld was 0,34%, en 0,94% in Europa.

Het aandeel van het transport in de economie van Tsjecho-Slowakije was 6,0% in de jaren 1970, stond op de 110e plaats in de wereld, en was vergelijkbaar met Suriname (6,0%), de Britse Maagdeneilanden (6,0%), Paraguay (6,0%).

Het vervoer per hoofd in Tsjecho-Slowakije was $114,1 in de jaren 1970s, stond op de 57e plaats in de wereld, en was vergelijkbaar met de Sovjet-Unie (US$114,0), Malta (US$112,0). De toegevoegde waarde van het transport per hoofd in Tsjecho-Slowakije was 6,7% lager dan het transport per hoofd van de bevolking in de wereld ($122,3), en was in 2,2 keer lager dan het transport per hoofd van de bevolking in Europa ($122,3).

De groei van het transport in Tsjecho-Slowakije bedroeg 4.4% in de jaren 1970, stond op de 109e plaats in de wereld, en was vergelijkbaar met Montserrat (4,4%). De groei van het transport in Tsjecho-Slowakije (4,4%) was minder dan de groei van het transport in de wereld (4,6%), was groter dan de groei van het transport in Europa (4,3%).

Vergelijking met buren. De waarde van het transport in Tsjecho-Slowakije was groter dan in Hongarije (US$1,1 miljard); maar minder dan in Duitsland (US$29,6 miljard), in Oostenrijk (US$3,1 miljard) en in Polen (US$2,6 miljard). De waarde van het transport per hoofd in Tsjecho-Slowakije was groter dan in Hongarije (US$105,7) en in Polen (US$76,9); maar minder dan in Oostenrijk (US$405,3) en in Duitsland (US$376,1). De groei van het transport in Tsjecho-Slowakije was groter dan in Duitsland (3,0%); maar minder dan in Polen (6,0%), in Oostenrijk (5,9%) en in Hongarije (5,4%).

Vergelijking met leiders. De waarde van het transport in Tsjecho-Slowakije was minder dan in de Verenigde Staten (US$168,6 miljard), in Japan (US$46,4 miljard), in Duitsland (US$29,6 miljard), in de Sovjet-Unie (US$28,8 miljard) en in Frankrijk (US$24,0 miljard). De sector van het transport per hoofd in Tsjecho-Slowakije was groter dan in de Sovjet-Unie (US$114,0); maar minder dan in de Verenigde Staten (US$772,4), in Frankrijk (US$447,4), in Japan (US$416,6) en in Duitsland (US$376,1). De groei van het transport in Tsjecho-Slowakije was groter dan in de Verenigde Staten (4,2%), in Frankrijk (4,1%), in Duitsland (3,0%) en in Japan (1,7%); maar minder dan in de Sovjet-Unie (8,1%).

de jaren 1980

De sector van het transport in Tsjecho-Slowakije bedroeg in de jaren 1980 US$3,7 miljard per jaar, stond op de 33e plaats in de wereld, en was vergelijkbaar met Hongkong (US$3,6 miljard). Het aandeel in de wereld was 0,31%, en 0,97% in Europa.

Het aandeel van het transport in de economie van Tsjecho-Slowakije was 7,0% in de jaren 1980, stond op de 101e plaats in de wereld.

De waarde van het transport per hoofd in Tsjecho-Slowakije was $237,2 in de jaren 1980s, stond op de 62e plaats in de wereld, en was vergelijkbaar met Bulgarije (US$235,0), de Wereld (US$242,0). De toegevoegde waarde van het transport per hoofd in Tsjecho-Slowakije was 2,0% lager dan het transport per hoofd van de bevolking in de wereld ($242,0), en was in 2,1 keer lager dan het transport per hoofd van de bevolking in Europa ($242,0).

De groei van het transport in Tsjecho-Slowakije bedroeg -0.4% in de jaren 1980, stond op de 169e plaats in de wereld. De groei van het transport in Tsjecho-Slowakije (-0,40%) was minder dan de groei van het transport in de wereld (3,4%), was minder dan de groei van het transport in Europa (2,8%).

Vergelijking met buren. De sector van het transport in Tsjecho-Slowakije was 75,9% groter dan in Hongarije (US$2,1 miljard); maar 15,4 keer minder dan in Duitsland (US$56,6 miljard), 2,0 keer minder dan in Oostenrijk (US$7,4 miljard) en 2,9% minder dan in Polen (US$3,8 miljard). Het transport per hoofd in Tsjecho-Slowakije was 20,3% groter dan in Hongarije (US$197,2) en 2,3 keer groter dan in Polen (US$102,6); maar 4,1 keer minder dan in Oostenrijk (US$973,8) en 3,1 keer minder dan in Duitsland (US$725,5). De groei van het transport in Tsjecho-Slowakije was minder dan in Hongarije (3,0%), in Oostenrijk (2,6%), in Polen (1,9%) en in Duitsland (1,8%).

Vergelijking met leiders. De sector van het transport in Tsjecho-Slowakije was 107,5 keer minder dan in de Verenigde Staten (US$394,9 miljard), 40,2 keer minder dan in Japan (US$147,7 miljard), 15,4 keer minder dan in Duitsland (US$56,6 miljard), 15,3 keer minder dan in Frankrijk (US$56,2 miljard) en 14,4 keer minder dan in het Verenigd Koninkrijk (US$53,0 miljard). De waarde van het transport per hoofd in Tsjecho-Slowakije was 7,0 keer minder dan in de Verenigde Staten (US$1.649,2), 5,1 keer minder dan in Japan (US$1.217,8), 4,2 keer minder dan in Frankrijk (US$993,7), 4,0 keer minder dan in het Verenigd Koninkrijk (US$938,7) en 3,1 keer minder dan in Duitsland (US$725,5). De groei van het transport in Tsjecho-Slowakije was minder dan in Frankrijk (5,4%), in Japan (4,7%), in de Verenigde Staten (3,6%), in het Verenigd Koninkrijk (3,0%) en in Duitsland (1,8%).

Hoofdstuk VIII. Handel

Groothandel, detailhandel, restaurants en hotels (ISIC G-H)

De waarde van de handel in Tsjecho-Slowakije steeg van US$2,4 miljard per jaar in de jaren 1970 tot US$5,8 miljard per jaar in de jaren 1980, dat wil zeggen met US$3,5 miljard of 2,5 keer. De verandering vond plaats op US$1,5 miljard als gevolg van een 1,4-voudige stijging van de prijzen, en ook op US$1,8 miljard als gevolg van een 1,7-voudige toename van de productiviteit , evenals op US$111,9 miljoen als gevolg van de toename van de bevolking. De gemiddelde jaarlijkse groei van de handel is 5,5%. De minimumwaarde van de handel bedroeg US$1,3 miljard in 1971. De maximumwaarde van de handel bedroeg US$7,3 miljard in 1988.

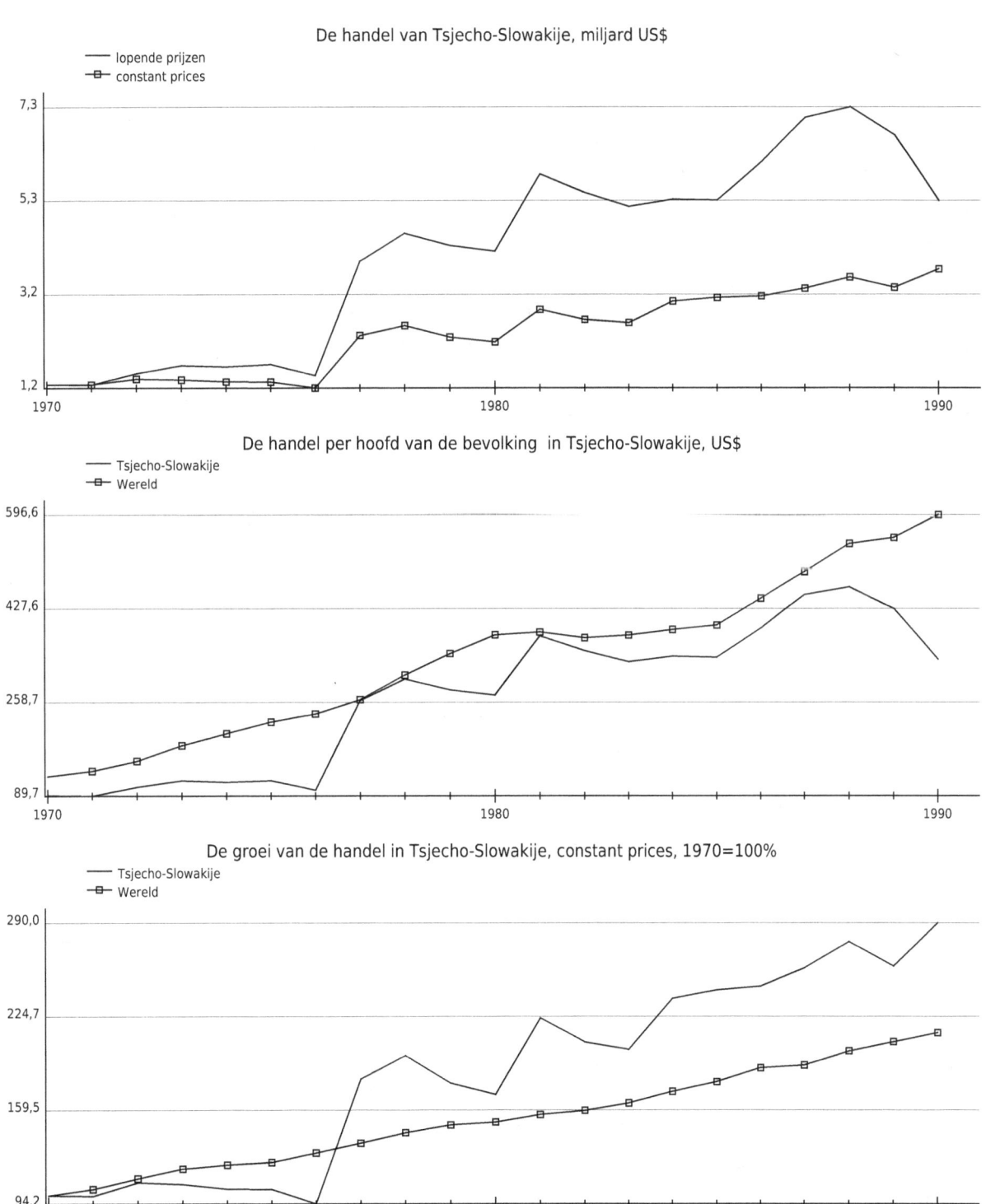

De handel van Tsjecho-Slowakije, miljard US$

De handel per hoofd van de bevolking in Tsjecho-Slowakije, US$

De groei van de handel in Tsjecho-Slowakije, constant prices, 1970=100%

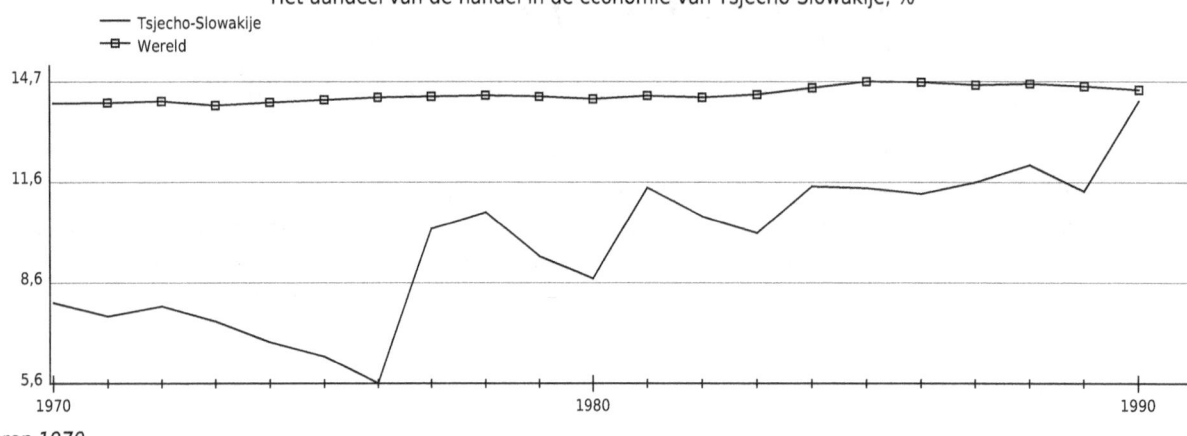

de jaren 1970

De sector van de handel in Tsjecho-Slowakije bedroeg in de jaren 1970 US$2,4 miljard per jaar, stond op de 39e plaats in de wereld. Het aandeel in de wereld was 0,26%, en 0,72% in Europa.

Het aandeel van de handel in de economie van Tsjecho-Slowakije was 8,4% in de jaren 1970, stond op de 161e plaats in de wereld, en was vergelijkbaar met Saint Kitts en Nevis (8,4%).

De sector van de handel per hoofd in Tsjecho-Slowakije was $159,4 in de jaren 1970s, stond op de 80e plaats in de wereld, en was vergelijkbaar met Syrië (US$157,4), Zuidelijk Afrika (US$163,1). De toegevoegde waarde van de handel per hoofd in Tsjecho-Slowakije was 27,9% lager dan de handel per hoofd van de bevolking in de wereld ($221,0), en was in 2,8 keer lager dan de handel per hoofd van de bevolking in Europa ($221,0).

De groei van de handel in Tsjecho-Slowakije bedroeg 6.6% in de jaren 1970, stond op de 53e plaats in de wereld, en was vergelijkbaar met de FS van Micronesië (6,6%), de Marshalleilanden (6,6%). De groei van de handel in Tsjecho-Slowakije (6,6%) was groter dan de groei van de handel in de wereld (4,5%), was groter dan de groei van de handel in Europa (3,6%).

Vergelijking met buren. De waarde van de handel in Tsjecho-Slowakije was groter dan in Hongarije (US$994,2 miljoen); maar minder dan in Duitsland (US$61,1 miljard), in Oostenrijk (US$5,8 miljard) en in Polen (US$4,6 miljard). De waarde van de handel per hoofd in Tsjecho-Slowakije was groter dan in Polen (US$135,7) en in Hongarije (US$94,4); maar minder dan in Duitsland (US$775,5) en in Oostenrijk (US$760,5). De groei van de handel in Tsjecho-Slowakije was groter dan in Polen (6,0%), in Hongarije (5,3%), in Oostenrijk (4,6%) en in Duitsland (3,0%).

Vergelijking met leiders. De waarde van de handel in Tsjecho-Slowakije was minder dan in de Verenigde Staten (US$278,3 miljard), in Japan (US$90,3 miljard), in de Sovjet-Unie (US$62,3 miljard), in Duitsland (US$61,1 miljard) en in Frankrijk (US$40,9 miljard). De sector van de handel per hoofd in Tsjecho-Slowakije was minder dan in de Verenigde Staten (US$1.275,1), in Japan (US$811,1), in Duitsland (US$775,5), in Frankrijk (US$762,4) en in de Sovjet-Unie (US$247,1). De groei van de handel in Tsjecho-Slowakije was groter dan in de Sovjet-Unie (5,2%), in Frankrijk (3,9%), in de Verenigde Staten (3,9%) en in Duitsland (3,0%); maar minder dan in Japan (8,2%).

de jaren 1980

De handel van Tsjecho-Slowakije bedroeg in de jaren 1980 US$5,8 miljard per jaar, stond op de 43e plaats in de wereld, en was vergelijkbaar met Venezuela (US$5,8 miljard), de Filipijnen (US$5,9 miljard). Het aandeel in de wereld was 0,27%, en 0,82% in Europa.

Het aandeel van de handel in de economie van Tsjecho-Slowakije was 11,1% in de jaren 1980, stond op de 145e plaats in de wereld, en was vergelijkbaar met Kiribati (11,1%), Maleisië (11,1%), Irak (11,1%).

De handel per hoofd in Tsjecho-Slowakije was $375,3 in de jaren 1980s, stond op de 72e plaats in de wereld, en was vergelijkbaar met Gabon (US$382,3). De sector van de handel per hoofd in Tsjecho-Slowakije was 14,3% lager dan de handel per hoofd van de bevolking in de wereld ($437,7), en was in 2,5 keer lager dan de handel per hoofd van de bevolking in Europa ($437,7).

De groei van de handel in Tsjecho-Slowakije bedroeg 3.8% in de jaren 1980, stond op de 58e plaats in de wereld, en was vergelijkbaar met Luxemburg (3,9%). De groei van de handel in Tsjecho-Slowakije (3,8%) was groter dan de groei van de handel in de wereld (3,3%), was groter dan de groei van de handel in Europa (1,9%).

Vergelijking met buren. De waarde van de handel in Tsjecho-Slowakije was 2,8 keer groter dan in Hongarije (US$2,1 miljard); maar 20,1 keer minder dan in Duitsland (US$116,7 miljard), 2,4 keer minder dan in Oostenrijk (US$14,2 miljard) en 12,6% minder dan in Polen (US$6,7 miljard). De toegevoegde waarde van de handel per hoofd in Tsjecho-Slowakije was 92,7% groter dan in Hongarije (US$194,8) en 2,1 keer groter dan in Polen (US$180,5); maar 4,9 keer minder dan in Oostenrijk (US$1.855,9) en 4,0 keer minder dan in Duitsland (US$1.496,0). De groei van de handel in Tsjecho-Slowakije was groter dan in Oostenrijk (2,6%), in Duitsland (1,8%), in Polen (1,6%) en in Hongarije (0,77%).

Vergelijking met leiders. De sector van de handel in Tsjecho-Slowakije was 112,4 keer minder dan in de Verenigde Staten (US$653,3 miljard), 47,7 keer minder dan in Japan (US$277,3 miljard), 20,1 keer minder dan in Duitsland (US$116,7 miljard), 19,3 keer minder dan in de Sovjet-Unie (US$112,3 miljard) en 16,5 keer minder dan in Italië (US$95,7 miljard). De handel per hoofd in Tsjecho-Slowakije was 7,3 keer minder dan in de Verenigde Staten (US$2,7 duizend), 6,1 keer minder dan in Japan (US$2,3 duizend), 4,5 keer minder dan in Italië (US$1.684,2), 4,0 keer minder dan in Duitsland (US$1.496,0) en 8,0% minder dan in de Sovjet-Unie (US$408,1). De groei van de handel in Tsjecho-Slowakije was groter dan in Italië (2,3%), in Duitsland (1,8%) en in de Sovjet-Unie (-0,62%); maar minder dan in Japan (4,9%) en in de Verenigde Staten (4,4%).

Hoofdstuk IX. Diensten

(ISIC J-P)

De waarde van de diensten in Tsjecho-Slowakije steeg van US$9,9 miljard per jaar in de jaren 1970 tot US$18,4 miljard per jaar in de jaren 1980, dat wil zeggen met US$8,5 miljard of 86,0%. De verandering vond plaats op US$5,3 miljard als gevolg van een 1,4-voudige stijging van de prijzen, en ook op US$2,8 miljard als gevolg van een 1,3-voudige toename van de productiviteit , evenals op US$469,9 miljoen als gevolg van de toename van de bevolking. De gemiddelde jaarlijkse groei van de diensten is 1,6%. De minimumwaarde van de diensten bedroeg US$5,6 miljard in 1970. De maximumwaarde van de diensten bedroeg US$21,7 miljard in 1987.

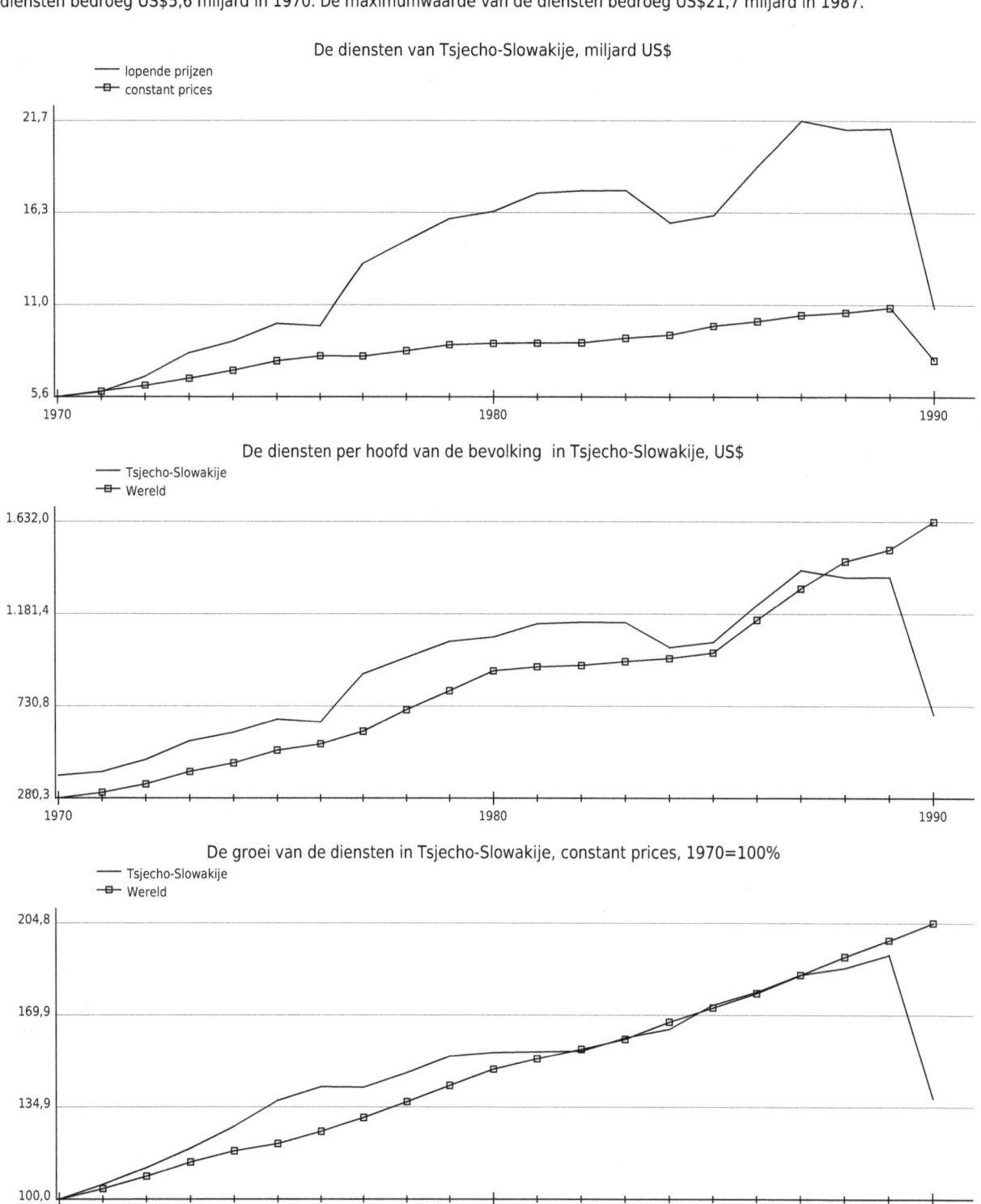

De diensten van Tsjecho-Slowakije, miljard US$

De diensten per hoofd van de bevolking in Tsjecho-Slowakije, US$

De groei van de diensten in Tsjecho-Slowakije, constant prices, 1970=100%

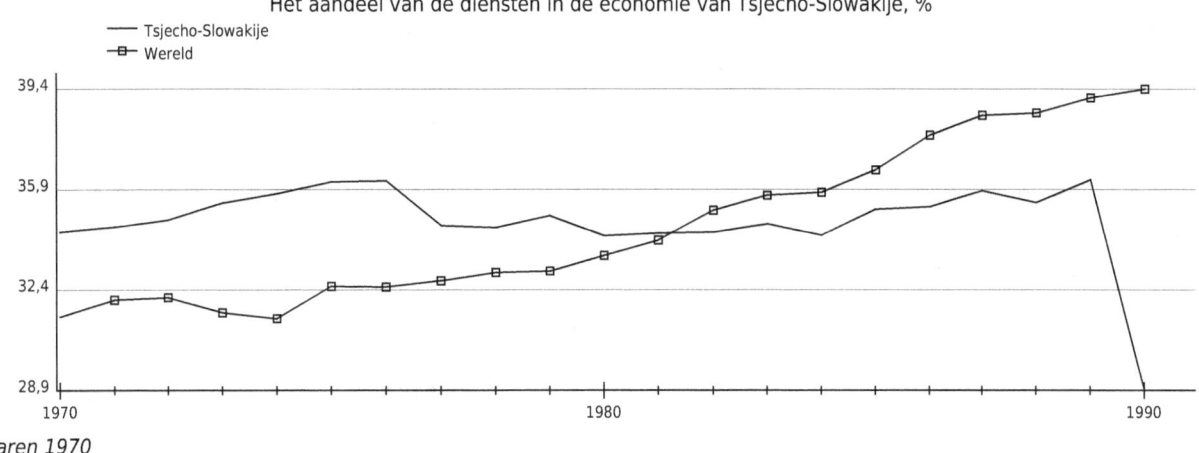

Het aandeel van de diensten in de economie van Tsjecho-Slowakije, %

de jaren 1970

De waarde van de diensten in Tsjecho-Slowakije bedroeg in de jaren 1970 US$9,9 miljard per jaar, stond op de 26e plaats in de wereld, en was vergelijkbaar met Zuidelijk Afrika (US$9,9 miljard), Oostenrijk (US$10,0 miljard). Het aandeel in de wereld was 0,48%, en 1,2% in Europa.

Het aandeel van de diensten in de economie van Tsjecho-Slowakije was 35,1% in de jaren 1970, stond op de 46e plaats in de wereld, en was vergelijkbaar met de Cookeilanden (35,0%), Puerto Rico (35,0%), België (34,9%).

De diensten per hoofd in Tsjecho-Slowakije waren $669,4 in de jaren 1970s, stonden op de 48e plaats in de wereld, en waren vergelijkbaar met de Sovjet-Unie (US$667,3), Barbados (US$658,5), Libanon (US$654,7). De diensten per hoofd in Tsjecho-Slowakije waren 32,1% hoger dan de diensten per hoofd van de bevolking in de wereld ($506,9), en waren 40,8% lager dan de diensten per hoofd van de bevolking in Europa ($506,9).

De groei van de diensten in Tsjecho-Slowakije bedroeg 4.9% in de jaren 1970, stond op de 93e plaats in de wereld, en was vergelijkbaar met de Caraïben (4,9%), Costa Rica (5,0%), Polynesië (5,0%). De groei van de diensten in Tsjecho-Slowakije (4,9%) was groter dan de groei van de diensten in de wereld (4,1%), was groter dan de groei van de diensten in Europa (3,7%).

Vergelijking met buren. De waarde van de diensten in Tsjecho-Slowakije was groter dan in Polen (US$9,5 miljard) en in Hongarije (US$2,6 miljard); maar minder dan in Duitsland (US$150,2 miljard) en in Oostenrijk (US$10,0 miljard). De toegevoegde waarde van de diensten per hoofd in Tsjecho-Slowakije was groter dan in Polen (US$280,3) en in Hongarije (US$246,2); maar minder dan in Duitsland (US$1.907,6) en in Oostenrijk (US$1.318,9). De groei van de diensten in Tsjecho-Slowakije was groter dan in Duitsland (4,8%) en in Oostenrijk (3,9%); maar minder dan in Polen (5,9%) en in Hongarije (5,5%).

Vergelijking met leiders. De diensten van Tsjecho-Slowakije waren minder dan in de Verenigde Staten (US$674,4 miljard), in de Sovjet-Unie (US$168,3 miljard), in Japan (US$153,8 miljard), in Duitsland (US$150,2 miljard) en in Frankrijk (US$121,8 miljard). De toegevoegde waarde van de diensten per hoofd in Tsjecho-Slowakije was groter dan in de Sovjet-Unie (US$667,3); maar minder dan in de Verenigde Staten (US$3,1 duizend), in Frankrijk (US$2,3 duizend), in Duitsland (US$1.907,6) en in Japan (US$1.381,3). De groei van de diensten in Tsjecho-Slowakije was groter dan in Duitsland (4,8%), in Frankrijk (3,9%), in de Verenigde Staten (3,3%) en in de Sovjet-Unie (0,90%); maar minder dan in Japan (5,9%).

de jaren 1980

De toegevoegde waarde van de diensten in Tsjecho-Slowakije bedroeg in de jaren 1980 US$18,4 miljard per jaar, stond op de 31e plaats in de wereld, en was vergelijkbaar met Griekenland (US$18,6 miljard), Venezuela (US$18,1 miljard). Het aandeel in de wereld was 0,34%, en 0,98% in Europa.

Het aandeel van de diensten in de economie van Tsjecho-Slowakije was 35,1% in de jaren 1980, stond op de 64e plaats in de wereld, en was vergelijkbaar met Oostenrijk (35,3%), Tanzania (35,3%), Senegal (34,8%).

De toegevoegde waarde van de diensten per hoofd in Tsjecho-Slowakije was $1.188,9 in de jaren 1980s, stond op de 58e plaats in de wereld, en was vergelijkbaar met Saint Kitts en Nevis (US$1.175,7), Suriname (US$1.172,7), Panama (US$1.164,6). De diensten per hoofd in Tsjecho-Slowakije waren 6,6% hoger dan de diensten per hoofd van de bevolking in de wereld ($1.115,5), en waren in 2,1 keer lager dan de diensten per hoofd van de bevolking in Europa ($1.115,5).

De groei van de diensten in Tsjecho-Slowakije bedroeg 2.2% in de jaren 1980, stond op de 141e plaats in de wereld, en was vergelijkbaar met Tuvalu (2,2%), Saoedi-Arabië (2,2%). De groei van de diensten in Tsjecho-Slowakije (2,2%) was minder dan de groei van de diensten in de wereld (3,3%), was minder dan de groei van de diensten in Europa (3,0%).

Vergelijking met buren. De diensten van Tsjecho-Slowakije waren 33,7% groter dan in Polen (US$13,8 miljard) en 3,1 keer groter dan in Hongarije (US$5,9 miljard); maar 19,7 keer minder dan in Duitsland (US$362,2 miljard) en 36,1% minder dan in Oostenrijk (US$28,8 miljard). De diensten per hoofd in Tsjecho-Slowakije waren 2,1 keer groter dan in Hongarije (US$559,9) en 3,2 keer groter dan in Polen (US$373,6); maar 3,9 keer minder dan in Duitsland (US$4,6 duizend) en 3,2 keer minder dan in Oostenrijk (US$3,8 duizend). De groei van de diensten in Tsjecho-Slowakije was groter dan in Polen (-0,64%); maar minder dan in Hongarije (5,0%), in Duitsland (3,1%) en in Oostenrijk (2,5%).

Vergelijking met leiders. De diensten van Tsjecho-Slowakije waren 102,0 keer minder dan in de Verenigde Staten (US$1,9 biljoen), 33,7 keer minder dan in Japan (US$619,9 miljard), 19,7 keer minder dan in Duitsland (US$362,2 miljard), 16,0 keer minder dan in Frankrijk (US$294,5 miljard) en 14,4 keer minder dan in het Verenigd Koninkrijk (US$265,4 miljard). De diensten per hoofd in Tsjecho-Slowakije waren 6,6 keer minder dan in de Verenigde Staten (US$7,8 duizend), 4,4 keer minder dan in Frankrijk (US$5,2 duizend), 4,3 keer minder dan in Japan (US$5,1 duizend), 4,0 keer minder dan in het Verenigd Koninkrijk (US$4,7 duizend) en 3,9 keer minder dan in Duitsland (US$4,6 duizend). De groei van de diensten in Tsjecho-Slowakije was minder dan in Japan (4,8%), in het Verenigd Koninkrijk (3,3%), in Duitsland (3,1%), in de Verenigde Staten (2,8%) en in Frankrijk (2,3%).

Part III. Verbruik

Hoofdstuk X. Overheidsuitgaven

Consumptie-uitgaven van de overheid

De overheidsuitgaven van Tsjecho-Slowakije steeg van US$5,4 miljard per jaar in de jaren 1970 tot US$12,3 miljard per jaar in de jaren 1980, dat wil zeggen met US$6,9 miljard of 2,3 keer. De verandering vond plaats op US$3,4 miljard als gevolg van een 1,4-voudige stijging van de prijzen, en ook op US$3,2 miljard als gevolg van een 1,6-voudige toename van het tarief per hoofd , evenals op US$255,3 miljoen als gevolg van de toename van de bevolking. De gemiddelde jaarlijkse groei van de overheidsuitgaven is 4,9%. De minimumwaarde van de overheidsuitgaven bedroeg US$2,7 miljard in 1970. De maximumwaarde van de overheidsuitgaven bedroeg US$15,2 miljard in 1987.

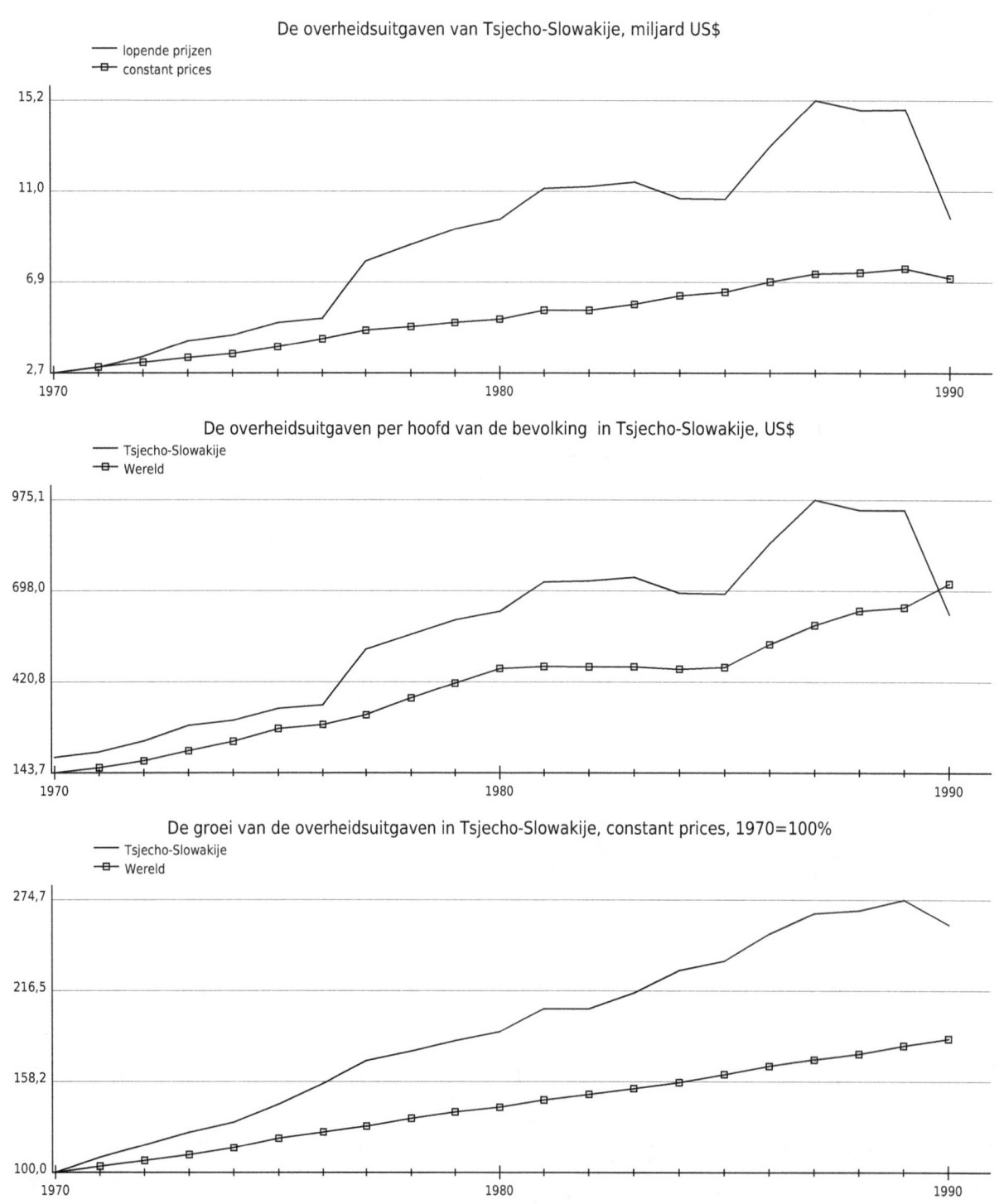

De overheidsuitgaven van Tsjecho-Slowakije, miljard US$

De overheidsuitgaven per hoofd van de bevolking in Tsjecho-Slowakije, US$

De groei van de overheidsuitgaven in Tsjecho-Slowakije, constant prices, 1970=100%

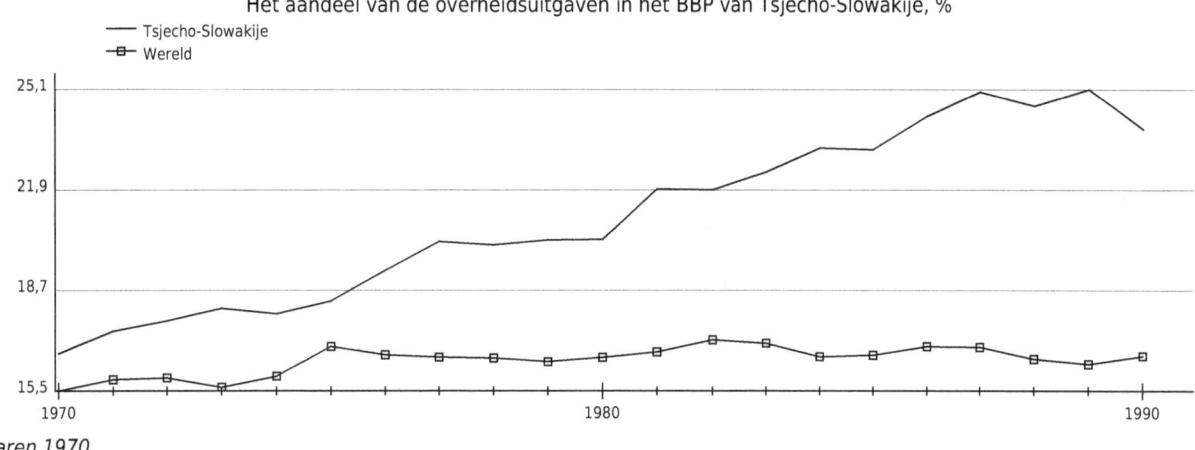

Het aandeel van de overheidsuitgaven in het BBP van Tsjecho-Slowakije, %

de jaren 1970

De overheidsuitgaven van Tsjecho-Slowakije bedroeg in de jaren 1970 US$5,4 miljard per jaar, stond op de 28e plaats in de wereld, en was vergelijkbaar met Zuidelijk Afrika (US$5,4 miljard). Het aandeel in de wereld was 0,50%, en 1,1% in Europa.

Het aandeel van de overheidsuitgaven in het BBP van Tsjecho-Slowakije was 19,1% in de jaren 1970, stond op de 59e plaats in de wereld, en was vergelijkbaar met Ierland (19,1%), West-Europa (19,1%), Benin (19,0%).

De overheidsuitgaven per hoofd in Tsjecho-Slowakije was $363,6 in de jaren 1970s, stond op de 54e plaats in de wereld, en was vergelijkbaar met Tuvalu (US$364,2). De overheidsuitgaven per hoofd in Tsjecho-Slowakije was 37,1% hoger dan de overheidsuitgaven per hoofd van de bevolking in de wereld ($265,2), en was 46,4% lager dan de overheidsuitgaven per hoofd van de bevolking in Europa ($265,2).

De groei van de overheidsuitgaven in Tsjecho-Slowakije bedroeg 7% in de jaren 1970, stond op de 60e plaats in de wereld, en was vergelijkbaar met Jemen (7,0%). De groei van de overheidsuitgaven in Tsjecho-Slowakije (7,0%) was groter dan de groei van de overheidsuitgaven in de wereld (3,7%), was groter dan de groei van de overheidsuitgaven in Europa (4,5%).

Vergelijking met buren. De overheidsuitgaven van Tsjecho-Slowakije was groter dan in Hongarije (US$2,4 miljard); maar minder dan in Duitsland (US$95,6 miljard), in Polen (US$9,7 miljard) en in Oostenrijk (US$6,4 miljard). De overheidsuitgaven per hoofd in Tsjecho-Slowakije was groter dan in Polen (US$286,0) en in Hongarije (US$225,3); maar minder dan in Duitsland (US$1.213,7) en in Oostenrijk (US$847,4). De groei van de overheidsuitgaven in Tsjecho-Slowakije was groter dan in Polen (6,2%), in Hongarije (5,2%), in Duitsland (4,4%) en in Oostenrijk (3,6%).

Vergelijking met leiders. De overheidsuitgaven van Tsjecho-Slowakije was minder dan in de Verenigde Staten (US$285,9 miljard), in de Sovjet-Unie (US$117,3 miljard), in Duitsland (US$95,6 miljard), in Japan (US$78,0 miljard) en in Frankrijk (US$64,5 miljard). De overheidsuitgaven per hoofd in Tsjecho-Slowakije was minder dan in de Verenigde Staten (US$1.310,2), in Duitsland (US$1.213,7), in Frankrijk (US$1.202,3), in Japan (US$700,2) en in de Sovjet-Unie (US$465,0). De groei van de overheidsuitgaven in Tsjecho-Slowakije was groter dan in Japan (5,3%), in Frankrijk (5,0%), in Duitsland (4,4%) en in de Verenigde Staten (0,94%); maar minder dan in de Sovjet-Unie (7,2%).

de jaren 1980

De overheidsuitgaven van Tsjecho-Slowakije bedroeg in de jaren 1980 US$12,3 miljard per jaar, stond op de 29e plaats in de wereld. Het aandeel in de wereld was 0,48%, en 1,1% in Europa.

Het aandeel van de overheidsuitgaven in het BBP van Tsjecho-Slowakije was 23,3% in de jaren 1980, stond op de 37e plaats in de wereld, en was vergelijkbaar met Jemen (23,2%).

De overheidsuitgaven per hoofd in Tsjecho-Slowakije was $791,7 in de jaren 1980s, stond op de 53e plaats in de wereld, en was vergelijkbaar met Singapore (US$795,8), Venezuela (US$782,0). De overheidsuitgaven per hoofd in Tsjecho-Slowakije was 51,2% hoger dan de overheidsuitgaven per hoofd van de bevolking in de wereld ($523,5), en was 43,6% lager dan de overheidsuitgaven per hoofd van de bevolking in Europa ($523,5).

De groei van de overheidsuitgaven in Tsjecho-Slowakije bedroeg 4.1% in de jaren 1980, stond op de 73e plaats in de wereld, en was vergelijkbaar met de Marshalleilanden (4,0%), San Marino (4,1%), Zuid-Afrika (4,1%). De groei van de overheidsuitgaven in

Tsjecho-Slowakije (4,1%) was groter dan de groei van de overheidsuitgaven in de wereld (2,7%), was groter dan de groei van de overheidsuitgaven in Europa (2,3%).

Vergelijking met buren. De overheidsuitgaven van Tsjecho-Slowakije was 2,2 keer groter dan in Hongarije (US$5,6 miljard); maar 16,6 keer minder dan in Duitsland (US$203,7 miljard), 27,7% minder dan in Oostenrijk (US$17,0 miljard) en 12,0% minder dan in Polen (US$13,9 miljard). De overheidsuitgaven per hoofd in Tsjecho-Slowakije was 51,0% groter dan in Hongarije (US$524,3) en 2,1 keer groter dan in Polen (US$378,2); maar 3,3 keer minder dan in Duitsland (US$2,6 duizend) en 2,8 keer minder dan in Oostenrijk (US$2,2 duizend). De groei van de overheidsuitgaven in Tsjecho-Slowakije was groter dan in Hongarije (1,9%), in Oostenrijk (1,6%), in Duitsland (0,98%) en in Polen (-0,61%).

Vergelijking met leiders. De overheidsuitgaven van Tsjecho-Slowakije was 54,3 keer minder dan in de Verenigde Staten (US$665,3 miljard), 21,0 keer minder dan in Japan (US$257,4 miljard), 16,6 keer minder dan in Duitsland (US$203,7 miljard), 14,8 keer minder dan in de Sovjet-Unie (US$181,1 miljard) en 13,0 keer minder dan in Frankrijk (US$159,8 miljard). De overheidsuitgaven per hoofd in Tsjecho-Slowakije was 20,3% groter dan in de Sovjet-Unie (US$658,0); maar 3,6 keer minder dan in Frankrijk (US$2,8 duizend), 3,5 keer minder dan in de Verenigde Staten (US$2,8 duizend), 3,3 keer minder dan in Duitsland (US$2,6 duizend) en 2,7 keer minder dan in Japan (US$2,1 duizend). De groei van de overheidsuitgaven in Tsjecho-Slowakije was groter dan in Japan (3,5%), in Frankrijk (2,8%), in de Verenigde Staten (2,6%) en in Duitsland (0,98%); maar minder dan in de Sovjet-Unie (5,4%).

Hoofdstuk XI. Huishoudelijke uitgaven

Consumptieve bestedingen van de huishoudens

De huishoudelijke uitgaven van Tsjecho-Slowakije steeg van US$13,4 miljard per jaar in de jaren 1970 tot US$24,8 miljard per jaar in de jaren 1980, dat wil zeggen met US$11,4 miljard of 84,7%. De verandering vond plaats op US$7,1 miljard als gevolg van een 1,4-voudige stijging van de prijzen, en ook op US$3,7 miljard als gevolg van een 1,3-voudige toename van het tarief per hoofd , evenals op US$638,5 miljoen als gevolg van de toename van de bevolking. De gemiddelde jaarlijkse groei van de huishoudelijke uitgaven is 3,3%. De minimumwaarde van de huishoudelijke uitgaven bedroeg US$7,7 miljard in 1970. De maximumwaarde van de huishoudelijke uitgaven bedroeg US$28,5 miljard in 1987.

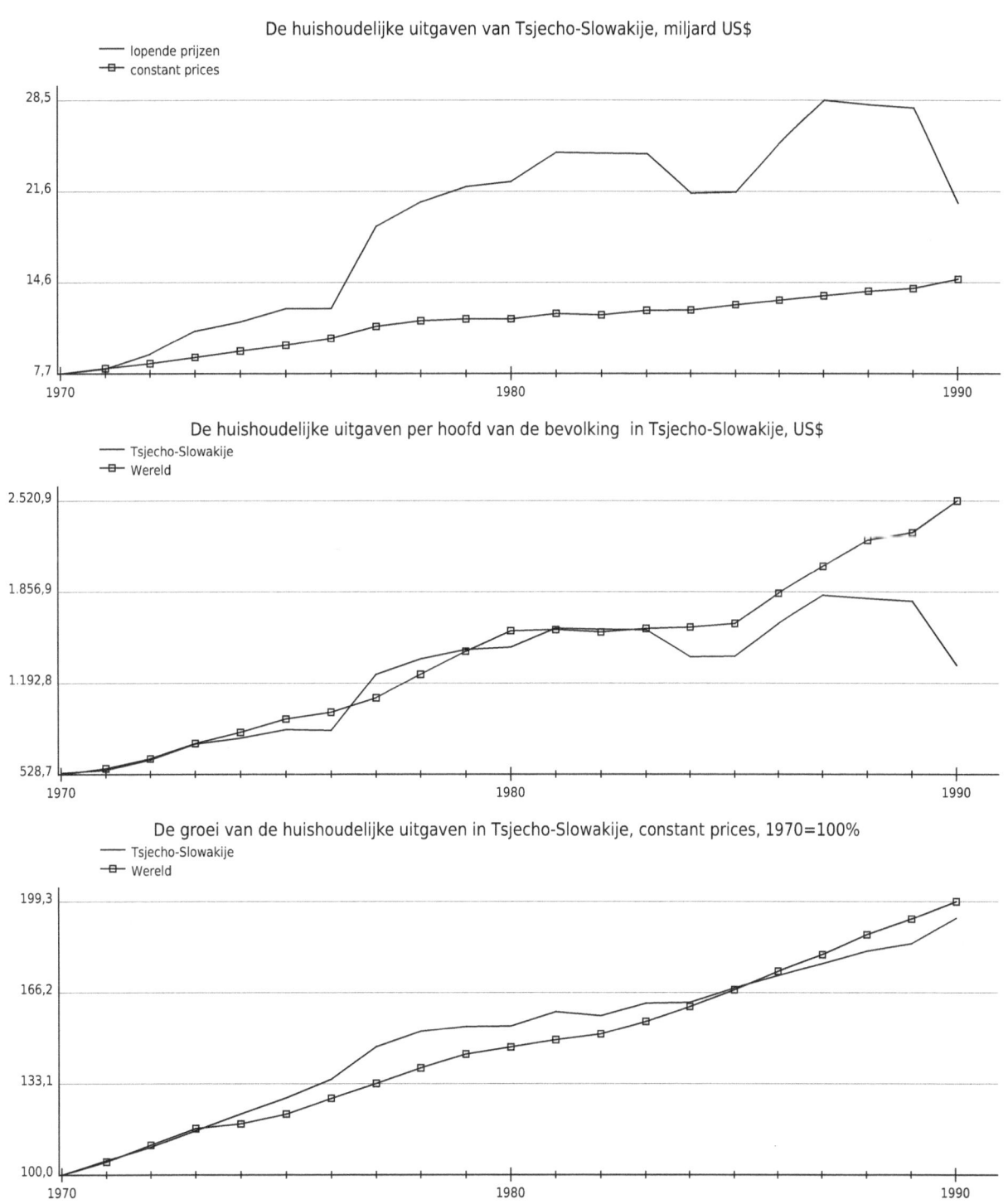

De huishoudelijke uitgaven van Tsjecho-Slowakije, miljard US$
— lopende prijzen
— constant prices

De huishoudelijke uitgaven per hoofd van de bevolking in Tsjecho-Slowakije, US$
— Tsjecho-Slowakije
— Wereld

De groei van de huishoudelijke uitgaven in Tsjecho-Slowakije, constant prices, 1970=100%
— Tsjecho-Slowakije
— Wereld

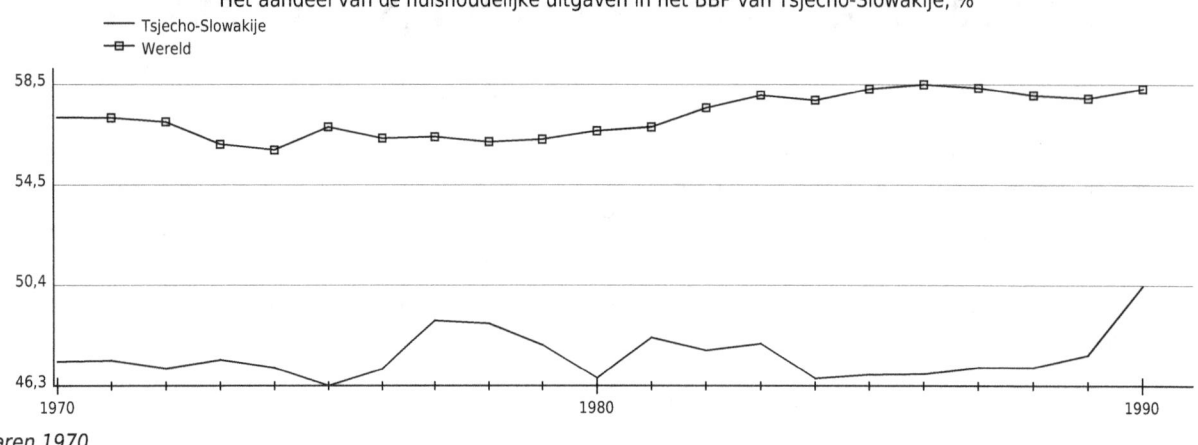

Het aandeel van de huishoudelijke uitgaven in het BBP van Tsjecho-Slowakije, %

de jaren 1970

De huishoudelijke uitgaven van Tsjecho-Slowakije bedroeg in de jaren 1970 US$13,4 miljard per jaar, stond op de 33e plaats in de wereld, en was vergelijkbaar met Finland (US$13,7 miljard). Het aandeel in de wereld was 0,36%, en 0,91% in Europa.

Het aandeel van de huishoudelijke uitgaven in het BBP van Tsjecho-Slowakije was 47,7% in de jaren 1970, stond op de 165e plaats in de wereld, en was vergelijkbaar met Hongarije (47,7%), de Sovjet-Unie (47,8%).

De huishoudelijke uitgaven per hoofd in Tsjecho-Slowakije was $909,5 in de jaren 1970s, stond op de 63e plaats in de wereld, en was vergelijkbaar met Polen (US$909,5), de Wereld (US$914,8), Zuidwest-Azië (US$917,3). De huishoudelijke uitgaven per hoofd in Tsjecho-Slowakije was 0,58% lager dan de huishoudelijke uitgaven per hoofd van de bevolking in de wereld ($914,8), en was in 2,2 keer lager dan de huishoudelijke uitgaven per hoofd van de bevolking in Europa ($914,8).

De groei van de huishoudelijke uitgaven in Tsjecho-Slowakije bedroeg 4.9% in de jaren 1970, stond op de 72e plaats in de wereld. De groei van de huishoudelijke uitgaven in Tsjecho-Slowakije (4,9%) was groter dan de groei van de huishoudelijke uitgaven in de wereld (4,1%), was groter dan de groei van de huishoudelijke uitgaven in Europa (3,7%).

Vergelijking met buren. De huishoudelijke uitgaven van Tsjecho-Slowakije was groter dan in Hongarije (US$6,1 miljard); maar minder dan in Duitsland (US$277,8 miljard), in Polen (US$30,8 miljard) en in Oostenrijk (US$21,9 miljard). De huishoudelijke uitgaven per hoofd in Tsjecho-Slowakije was groter dan in Polen (US$909,5) en in Hongarije (US$577,0); maar minder dan in Duitsland (US$3,5 duizend) en in Oostenrijk (US$2,9 duizend). De groei van de huishoudelijke uitgaven in Tsjecho-Slowakije was groter dan in Oostenrijk (4,2%), in Hongarije (3,9%) en in Duitsland (3,6%); maar minder dan in Polen (5,8%).

Vergelijking met leiders. De huishoudelijke uitgaven van Tsjecho-Slowakije was minder dan in de Verenigde Staten (US$1,0 biljoen), in de Sovjet-Unie (US$310,6 miljard), in Japan (US$280,9 miljard), in Duitsland (US$277,8 miljard) en in Frankrijk (US$180,7 miljard). De huishoudelijke uitgaven per hoofd in Tsjecho-Slowakije was minder dan in de Verenigde Staten (US$4,7 duizend), in Duitsland (US$3,5 duizend), in Frankrijk (US$3,4 duizend), in Japan (US$2,5 duizend) en in de Sovjet-Unie (US$1.231,6). De groei van de huishoudelijke uitgaven in Tsjecho-Slowakije was groter dan in de Sovjet-Unie (4,7%), in Frankrijk (4,0%), in de Verenigde Staten (3,6%) en in Duitsland (3,6%); maar minder dan in Japan (5,1%).

de jaren 1980

De huishoudelijke uitgaven van Tsjecho-Slowakije bedroeg in de jaren 1980 US$24,8 miljard per jaar, stond op de 42e plaats in de wereld, en was vergelijkbaar met de Filipijnen (US$25,0 miljard), Portugal (US$25,1 miljard), Hongkong (US$24,3 miljard). Het aandeel in de wereld was 0,28%, en 0,81% in Europa.

Het aandeel van de huishoudelijke uitgaven in het BBP van Tsjecho-Slowakije was 47,3% in de jaren 1980, stond op de 166e plaats in de wereld.

De huishoudelijke uitgaven per hoofd in Tsjecho-Slowakije was $1.604,1 in de jaren 1980s, stond op de 69e plaats in de wereld, en was vergelijkbaar met Panama (US$1.615,0), Gabon (US$1.616,4), Zuid-Korea (US$1.627,9). De huishoudelijke uitgaven per hoofd in Tsjecho-Slowakije was 11,3% lager dan de huishoudelijke uitgaven per hoofd van de bevolking in de wereld ($1.808,0), en was in 2,5 keer lager dan de huishoudelijke uitgaven per hoofd van de bevolking in Europa ($1.808,0).

De groei van de huishoudelijke uitgaven in Tsjecho-Slowakije bedroeg 1.8% in de jaren 1980, stond op de 140e plaats in de wereld, en was vergelijkbaar met Centraal-Amerika (1,8%), Benin (1,8%), Kameroen (1,8%). De groei van de huishoudelijke uitgaven in Tsjecho-Slowakije (1,8%) was minder dan de groei van de huishoudelijke uitgaven in de wereld (3,0%), was minder dan de groei van de huishoudelijke uitgaven in Europa (2,3%).

Vergelijking met buren. De huishoudelijke uitgaven van Tsjecho-Slowakije was 84,2% groter dan in Hongarije (US$13,5 miljard); maar 23,2 keer minder dan in Duitsland (US$575,7 miljard), 2,1 keer minder dan in Oostenrijk (US$52,6 miljard) en 38,9% minder dan in Polen (US$40,7 miljard). De huishoudelijke uitgaven per hoofd in Tsjecho-Slowakije was 26,0% groter dan in Hongarije (US$1.273,1) en 45,3% groter dan in Polen (US$1.103,6); maar 4,6 keer minder dan in Duitsland (US$7,4 duizend) en 4,3 keer minder dan in Oostenrijk (US$6,9 duizend). De groei van de huishoudelijke uitgaven in Tsjecho-Slowakije was groter dan in Hongarije (0,91%) en in Polen (-0,10%); maar minder dan in Oostenrijk (2,1%) en in Duitsland (1,8%).

Vergelijking met leiders. De huishoudelijke uitgaven van Tsjecho-Slowakije was 105,1 keer minder dan in de Verenigde Staten (US$2,6 biljoen), 38,1 keer minder dan in Japan (US$945,6 miljard), 23,2 keer minder dan in Duitsland (US$575,7 miljard), 17,1 keer minder dan in de Sovjet-Unie (US$424,6 miljard) en 16,8 keer minder dan in het Verenigd Koninkrijk (US$416,5 miljard). De huishoudelijke uitgaven per hoofd in Tsjecho-Slowakije was 4,0% groter dan in de Sovjet-Unie (US$1.542,8); maar 6,8 keer minder dan in de Verenigde Staten (US$10,9 duizend), 4,9 keer minder dan in Japan (US$7,8 duizend), 4,6 keer minder dan in Duitsland (US$7,4 duizend) en 4,6 keer minder dan in het Verenigd Koninkrijk (US$7,4 duizend). De groei van de huishoudelijke uitgaven in Tsjecho-Slowakije was minder dan in Japan (3,7%), in het Verenigd Koninkrijk (3,5%), in de Verenigde Staten (3,2%), in de Sovjet-Unie (3,0%) en in Duitsland (1,8%).

Hoofdstuk XII. Voedsel consumptie

Tijdens de onderzoeksperiode groeide de voedselconsumptie in fruit (met 25,6%), peulvruchten (met 22,7%), stimulerende middelen (met 22,4%), groenten (met 14,5%), eieren (met 12,8%), vlees (met 12,2%), noten (met 11,8%), plantaardige oliën (met 10,7%), melk (met 2,8%), granen (met 0,30%), maar daalde in alcoholische dranken (met 2,0%), suiker (met 4,7%), specerijen (met 12,4%), vis (met 17,9%), zetmeelrijke wortels (met 26,2%).

de jaren 1970

De consumptie van kcal in Tsjecho-Slowakije was 3.355,2 kcal/hoofd/dag in the 1970s, stond op de 7e plaats in de wereld, and was on a par with Oost-Europa (3.356,6 kcal/hoofd/dag), de Sovjet-Unie (3.353,4 kcal/hoofd/dag). De consumptie van kcal in Tsjecho-Slowakije was groter dan in de wereld (2.403,2 kcal/hoofd/dag), en was groter dan in Europa (3.283,8 kcal/hoofd/dag). De structuur van de consumptie: granen (30.9%), suiker (13.1%), vlees (11.9%), alcoholische dranken (8%), melk (7.9%), en anderen (28.2%).

De consumptie van eiwitten in Tsjecho-Slowakije was 97,6 g/hoofd/dag in the 1970s, stond op de 17e plaats in de wereld, and was on a par with Hongarije (97,6 g/hoofd/dag), Malta (98,2 g/hoofd/dag), Noord-Amerika (98,5 g/hoofd/dag). De consumptie van eiwitten in Tsjecho-Slowakije was groter dan in de wereld (65,0 g/hoofd/dag), en was minder dan in Europa (98,6 g/hoofd/dag). De structuur van de consumptie: granen (32.6%), vlees (26.6%), melk (18.8%), eieren (5%), zetmeelrijke wortels (4.5%), en anderen (12.5%).

De consumptie van vet in Tsjecho-Slowakije was 116,2 g/hoofd/dag in the 1970s, stond op de 19e plaats in de wereld, and was on a par with Canada (116,7 g/hoofd/dag), Italië (117,3 g/hoofd/dag). De consumptie van vet in Tsjecho-Slowakije was groter dan in de wereld (55,1 g/hoofd/dag), en was groter dan in Europa (109,6 g/hoofd/dag). De structuur van de consumptie: vlees (27.4%), plantaardige oliën (22.5%), melk (11.2%), eieren (3.7%), granen (3.4%), en anderen (31.8%).

Dit zijn de niveaus van voedselconsumptie op de wereldranglijst: 5e - alcoholische dranken (159,5 kg/hoofd/jr), 8e - eieren (15,5 kg/hoofd/jr), 13e - vlees (82,8 kg/hoofd/jr), 19e - melk (192,0 kg/hoofd/jr), 22e - suiker (45,3 kg/hoofd/jr), 39e - zetmeelrijke wortels (99,3 kg/hoofd/jr), 41e - plantaardige oliën (9,5 kg/hoofd/jr), 42e - stimulerende middelen (2,9 kg/hoofd/jr), 43e - groenten (73,0 kg/hoofd/jr), 52e - granen (139,7 kg/hoofd/jr), 55e - specerijen (0,44 kg/hoofd/jr), 91e - fruit (47,3 kg/hoofd/jr), 99e - vis (6,8 kg/hoofd/jr), 137e - peulvruchten (0,97 kg/hoofd/jr).

de jaren 1980

De consumptie van kcal in Tsjecho-Slowakije was 3.464,0 kcal/hoofd/dag in the 1980s, stond op de 7e plaats in de wereld, and was on a par with Frankrijk (3.470,6 kcal/hoofd/dag), de Verenigde Arabische Emiraten (3.453,3 kcal/hoofd/dag), Zwitserland (3.451,9 kcal/hoofd/dag). De consumptie van kcal in Tsjecho-Slowakije was groter dan in de wereld (2.572,3 kcal/hoofd/dag), en was groter dan in Europa (3.346,9 kcal/hoofd/dag). De structuur van de consumptie: granen (29.9%), vlees (12.8%), suiker (12.1%), alcoholische dranken (7.9%), melk (7.8%), en anderen (29.5%).

De consumptie van eiwitten in Tsjecho-Slowakije was 102,0 g/hoofd/dag in the 1980s, stond op de 17e plaats in de wereld, and was on a par with Zuid-Europa (102,2 g/hoofd/dag), Noord-Amerika (102,3 g/hoofd/dag), Europa (102,3 g/hoofd/dag). De consumptie van eiwitten in Tsjecho-Slowakije was groter dan in de wereld (69,1 g/hoofd/dag), en was minder dan in Europa (102,3 g/hoofd/dag). De structuur van de consumptie: granen (31.3%), vlees (28.4%), melk (18.8%), eieren (5.3%), zetmeelrijke wortels (3.4%), en anderen (12.8%).

De consumptie van vet in Tsjecho-Slowakije was 129,9 g/hoofd/dag in the 1980s, stond op de 15e plaats in de wereld, and was on a par with Denemarken (130,2 g/hoofd/dag), Bermuda (128,8 g/hoofd/dag). De consumptie van vet in Tsjecho-Slowakije was groter dan in de wereld (63,2 g/hoofd/dag), en was groter dan in Europa (119,5 g/hoofd/dag). De structuur van de consumptie: vlees (27.2%), plantaardige oliën (23%), melk (10.7%), eieren (3.8%), granen (3%), en anderen (32.3%).

Dit zijn de niveaus van voedselconsumptie op de wereldranglijst: 3e - eieren (17,5 kg/hoofd/jr), 13e - vlees (92,9 kg/hoofd/jr), 20e - melk (197,3 kg/hoofd/jr), 28e - suiker (43,2 kg/hoofd/jr), 37e - groenten (83,5 kg/hoofd/jr), 42e - stimulerende middelen (3,5 kg/hoofd/jr), 43e - noten (1,5 kg/hoofd/jr), 45e - zetmeelrijke wortels (78,6 kg/hoofd/jr), 54e - granen (140,1 kg/hoofd/jr), 55e - plantaardige oliën (10,5 kg/hoofd/jr), 71e - specerijen (0,39 kg/hoofd/jr), 79e - fruit (59,4 kg/hoofd/jr), 111e - vis (5,8 kg/hoofd/jr), 135e - peulvruchten (1,2 kg/hoofd/jr).

Part IV. Reproductie

Hoofdstuk XIII. Bruto-investeringen in vaste activa

De investeringen in vaste activa van Tsjecho-Slowakije steeg van US$7,7 miljard per jaar in de jaren 1970 tot US$12,9 miljard per jaar in de jaren 1980, dat wil zeggen met US$5,2 miljard of 67,5%. De verandering vond plaats op US$3,7 miljard als gevolg van een 1,4-voudige stijging van de prijzen, en ook op US$1,1 miljard als gevolg van een 1,1-voudige toename van het tarief per hoofd , evenals op US$364,5 miljoen als gevolg van de toename van de bevolking. De gemiddelde jaarlijkse groei van de investeringen in vaste activa is 3,3%. De minimumwaarde van de investeringen in vaste activa bedroeg US$4,0 miljard in 1970. De maximumwaarde van de investeringen in vaste activa bedroeg US$15,1 miljard in 1988.

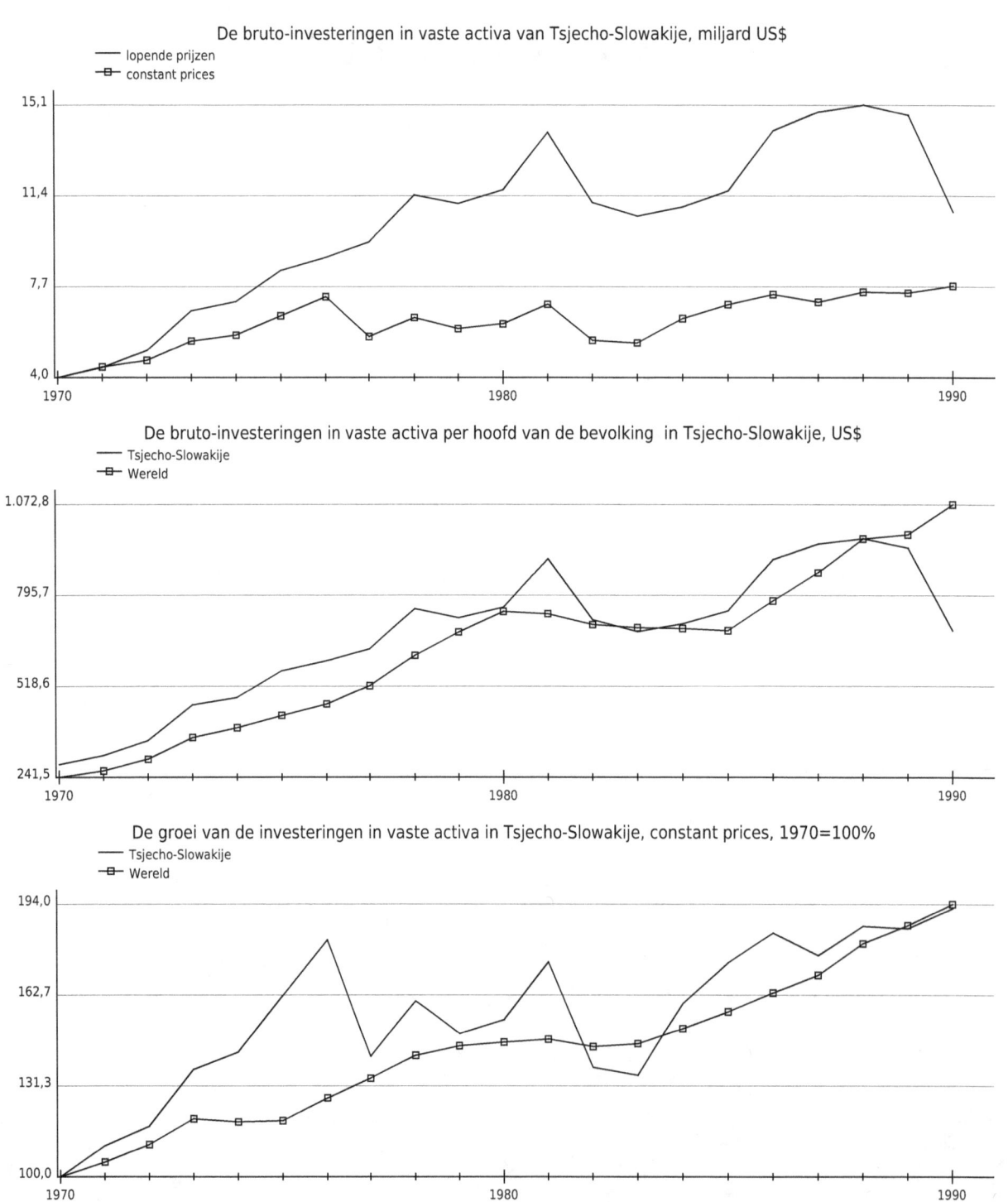

De bruto-investeringen in vaste activa van Tsjecho-Slowakije, miljard US$

De bruto-investeringen in vaste activa per hoofd van de bevolking in Tsjecho-Slowakije, US$

De groei van de investeringen in vaste activa in Tsjecho-Slowakije, constant prices, 1970=100%

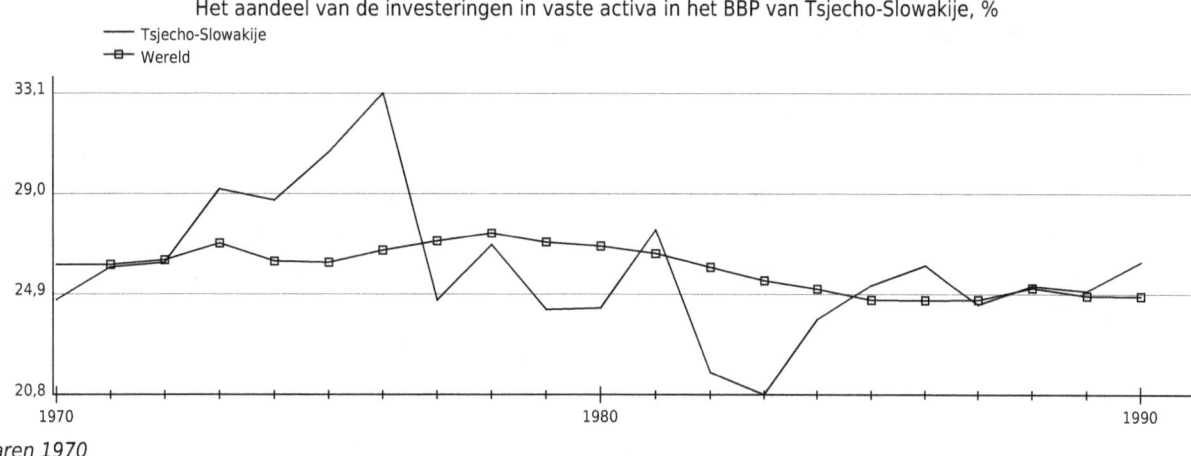

Het aandeel van de investeringen in vaste activa in het BBP van Tsjecho-Slowakije, %

de jaren 1970

De investeringen in vaste activa van Tsjecho-Slowakije bedroeg in de jaren 1970 US$7,7 miljard per jaar, stond op de 33e plaats in de wereld. Het aandeel in de wereld was 0,44%, en 1,0% in Europa.

Het aandeel van de investeringen in vaste activa in het BBP van Tsjecho-Slowakije was 27,3% in de jaren 1970, stond op de 55e plaats in de wereld, en was vergelijkbaar met de Cookeilanden (27,3%), Zuidelijk Afrika (27,4%), Zuid-Afrika (27,4%).

De bruto-investeringen in vaste activa per hoofd in Tsjecho-Slowakije was $519,2 in de jaren 1970s, stond op de 54e plaats in de wereld, en was vergelijkbaar met Portugal (US$530,8). De investeringen in vaste activa per hoofd in Tsjecho-Slowakije was 19,8% hoger dan de investeringen in vaste activa per hoofd van de bevolking in de wereld ($433,5), en was 49,0% lager dan de investeringen in vaste activa per hoofd van de bevolking in Europa ($433,5).

De groei van de investeringen in vaste activa in Tsjecho-Slowakije bedroeg 4.6% in de jaren 1970, stond op de 104e plaats in de wereld. De groei van de investeringen in vaste activa in Tsjecho-Slowakije (4,6%) was groter dan de groei van de investeringen in vaste activa in de wereld (4,2%), was groter dan de groei van de investeringen in vaste activa in Europa (2,4%).

Vergelijking met buren. De bruto-investeringen in vaste activa van Tsjecho-Slowakije was groter dan in Hongarije (US$5,0 miljard); maar minder dan in Duitsland (US$125,8 miljard), in Oostenrijk (US$11,0 miljard) en in Polen (US$10,6 miljard). De bruto-investeringen in vaste activa per hoofd in Tsjecho-Slowakije was groter dan in Hongarije (US$475,8) en in Polen (US$313,7); maar minder dan in Duitsland (US$1.597,2) en in Oostenrijk (US$1.441,3). De groei van de investeringen in vaste activa in Tsjecho-Slowakije was groter dan in Oostenrijk (3,9%) en in Duitsland (1,5%); maar minder dan in Hongarije (5,7%) en in Polen (5,7%).

Vergelijking met leiders. De bruto-investeringen in vaste activa van Tsjecho-Slowakije was minder dan in de Verenigde Staten (US$381,9 miljard), in de Sovjet-Unie (US$214,6 miljard), in Japan (US$191,6 miljard), in Duitsland (US$125,8 miljard) en in Frankrijk (US$82,9 miljard). De investeringen in vaste activa per hoofd in Tsjecho-Slowakije was minder dan in de Verenigde Staten (US$1.750,0), in Japan (US$1.720,7), in Duitsland (US$1.597,2), in Frankrijk (US$1.545,4) en in de Sovjet-Unie (US$850,9). De groei van de investeringen in vaste activa in Tsjecho-Slowakije was groter dan in de Verenigde Staten (4,4%), in Japan (3,9%), in de Sovjet-Unie (3,2%), in Frankrijk (2,7%) en in Duitsland (1,5%).

de jaren 1980

De investeringen in vaste activa van Tsjecho-Slowakije bedroeg in de jaren 1980 US$12,9 miljard per jaar, stond op de 39e plaats in de wereld. Het aandeel in de wereld was 0,34%, en 0,96% in Europa.

Het aandeel van de investeringen in vaste activa in het BBP van Tsjecho-Slowakije was 24,5% in de jaren 1980, stond op de 65e plaats in de wereld, en was vergelijkbaar met IJsland (24,5%).

De bruto-investeringen in vaste activa per hoofd in Tsjecho-Slowakije was $830,4 in de jaren 1980s, stond op de 64e plaats in de wereld, en was vergelijkbaar met Barbados (US$836,6). De bruto-investeringen in vaste activa per hoofd in Tsjecho-Slowakije was 5,0% hoger dan de investeringen in vaste activa per hoofd van de bevolking in de wereld ($790,9), en was in 2,1 keer lager dan de investeringen in vaste activa per hoofd van de bevolking in Europa ($790,9).

De groei van de investeringen in vaste activa in Tsjecho-Slowakije bedroeg 2.2% in de jaren 1980, stond op de 101e plaats in de wereld, en was vergelijkbaar met Europa (2,2%). De groei van de investeringen in vaste activa in Tsjecho-Slowakije (2,2%) was minder dan de groei van de investeringen in vaste activa in de wereld (2,5%), was minder dan de groei van de investeringen in vaste activa in Europa (2,2%).

Vergelijking met buren. De investeringen in vaste activa van Tsjecho-Slowakije was 60,9% groter dan in Hongarije (US$8,0 miljard); maar 18,5 keer minder dan in Duitsland (US$238,1 miljard), 44,0% minder dan in Oostenrijk (US$23,0 miljard) en 15,3% minder dan in Polen (US$15,2 miljard). De bruto-investeringen in vaste activa per hoofd in Tsjecho-Slowakije was 10,0% groter dan in Hongarije (US$754,8) en 2,0 keer groter dan in Polen (US$412,1); maar 3,7 keer minder dan in Duitsland (US$3,1 duizend) en 3,6 keer minder dan in Oostenrijk (US$3,0 duizend). De groei van de investeringen in vaste activa in Tsjecho-Slowakije was groter dan in Oostenrijk (1,7%), in Duitsland (1,4%), in Polen (0,44%) en in Hongarije (-0,94%).

Vergelijking met leiders. De bruto-investeringen in vaste activa van Tsjecho-Slowakije was 74,5 keer minder dan in de Verenigde Staten (US$958,4 miljard), 44,5 keer minder dan in Japan (US$571,7 miljard), 21,1 keer minder dan in de Sovjet-Unie (US$271,0 miljard), 18,5 keer minder dan in Duitsland (US$238,1 miljard) en 12,8 keer minder dan in Frankrijk (US$164,3 miljard). De bruto-investeringen in vaste activa per hoofd in Tsjecho-Slowakije was 5,7 keer minder dan in Japan (US$4,7 duizend), 4,8 keer minder dan in de Verenigde Staten (US$4,0 duizend), 3,7 keer minder dan in Duitsland (US$3,1 duizend), 3,5 keer minder dan in Frankrijk (US$2,9 duizend) en 15,7% minder dan in de Sovjet-Unie (US$984,8). De groei van de investeringen in vaste activa in Tsjecho-Slowakije was groter dan in de Sovjet-Unie (1,7%) en in Duitsland (1,4%); maar minder dan in Japan (4,8%), in de Verenigde Staten (3,1%) en in Frankrijk (2,4%).